Wolfgang Ader / Gerhard Krüger

Training
Französisch

Einführung in die Textarbeit

SEKUNDARSTUFE II
BEILAGE: LÖSUNGSHEFT

Ernst Klett Verlag
Stuttgart Düsseldorf Leipzig

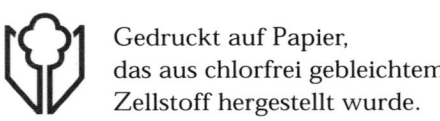 Gedruckt auf Papier,
das aus chlorfrei gebleichtem
Zellstoff hergestellt wurde.

Die Deutsche Bibliothek – CIP-Einheitsaufnahme

Ader, Wolfgang:
Training Französisch : Einführung in die Textarbeit ;
Sekundarstufe II / Wolfgang Ader / Gerhard Krüger. –
1. Aufl. – Stuttgart ; Düsseldorf ; Leipzig : Klett, 1998
    ISBN 3-12-922153-0

1. Auflage 1998 A
Alle Rechte vorbehalten
Fotomechanische Wiedergabe nur mit Genehmigung des Verlages
© Ernst Klett Verlag GmbH, Stuttgart 1998
Internetadresse: http://www.klett.de
Einband- und Innengestaltung: Bayerl und Ost, Frankfurt/M.
DTP: Kirsten Brückmann, Stuttgart
Repro: Windhueter, Schorndorf
Druck: Wilhelm Röck, Weinsberg
ISBN: 3-12-922153-0

INHALT

4 Exercices lexico-grammaticaux   **78**

Dieses Übungsbuch behandelt die im schriftlichen Abitur verbindlich festgelegten Aufgabenformen. Es richtet sich also vornehmlich an Schülerinnen und Schüler ab elfter Jahrgangsstufe. Bei der Konzeption wurde berücksichtigt, dass es in den einzelnen Bundesländern Abweichungen gibt. Wir haben das Trainingsbuch jedoch so gestaltet, dass alle Prüfungsthemen vorkommen und es daher bundesweit eingesetzt werden kann.

Da Sie die entsprechenden Aufgabenformen aus Ihrem Unterricht kennen, wird es Ihnen nicht schwerfallen, die für Sie in Frage kommenden Kapitel auszusuchen.

Zum Aufbau des Bandes:
Nach der „Einheitlichen Prüfungsordnung" werden folgende Anforderungen gestellt:
– Abfassung eines Résumés
– Beantwortung von Fragen zur Textanalyse
– Erstellung eines Kommentars
– Darüber hinaus wird in einigen Bundesländern eine Übersetzung (Version) sowie die Bearbeitung von Aufgaben zur Lexik und Grammatik verlangt, wozu einige kontextbezogene Aufgaben gestellt werden. Anleitungen zu deren Abfassung entnehmen Sie bitte den einschlägigen Übungsbüchern im gleichen Programm.

Zu jedem dieser Themen enthält das Buch ein Kapitel, welches folgendermaßen strukturiert ist:
Eingangs werden formale Kriterien und wesentliche Elemente der Aufgabenstellung beschrieben. Danach folgt ein „Beispieltext", an welchem die oben vorgestellten Aufgabentypen exemplarisch bearbeitet werden. Im Anschluss daran haben Sie die Möglichkeit, anhand der vorgelegten „Übungstexte" eine selbständige Bearbeitung vorzunehmen.
Unsere Lösungsvorschläge finden Sie in der Beilage.

Bei den ausgewählten Texten handelt es sich um Sachtexte und literarische Texte, wobei die literarischen Gattungen Prosa, Drama und Lyrik berücksichtigt worden sind.

Bei den Fragestellungen im Kapitel „Commentaire" haben wir uns auf Themen bezogen, die häufig im Unterricht behandelt werden. Um im Umgang mit Texten und deren Analyse sowie der Textproduktion sicherer zu werden, empfehlen wir täglich eine Übungseinheit.

Hierzu ein paar ganz praktische Tips:

– Benutzen Sie ein Din A4 Heft, in dem Sie grundsätzlich nur die linke Seite beschriften und die rechte für Korrekturen und / oder Notizen frei lassen.

– Schreiben Sie die im Buch abgedruckten Redemittel grundsätzlich ab und lernen Sie diese auswendig.
Wenden Sie die Redemittel so häufig wie möglich an. Achten Sie dabei unbedingt auf korrekte Orthographie.
Mit diesen Redemitteln erwerben Sie ein Grundgerüst, das Ihnen Sicherheit beim weiteren Schreiben gibt.

– Notieren Sie auch die Ihnen unbekannten Vokabeln aus den Beispieltexten. Benutzen Sie zur Ermittlung der Wortbedeutung nach Möglichkeit ein einsprachiges Lexikon. Schreiben Sie auch die Synonyme und Antonyme heraus, um Sie bei der eigenständigen Textproduktion zur Verfügung zu haben. Lernen Sie die zu dem jeweiligen Sachfeld gehörigen Vokabeln (thematisches Vokabular).

– Gehen Sie bei der Erarbeitung eines Textes systematisch vor, indem Sie farblich unterschiedlich markieren, was Ihnen z.B. im Bereich der Wortwahl, der benutzten Sprachebene etc. auffällt.

Und nun wünschen wir Ihnen viel Erfolg und gutes Gelingen.

W. Ader / G. Krüger   *Itzehoe / Uetersen im Sommer 1998*

Résumé

1

Allgemeines

Durch das Résumé sollen die wesentlichen Teile des Inhalts eines Textes wiedergeben werden. Im Deutschen entspricht dem Résumé die Inhaltsangabe.

Formale Kriterien

1. Die Länge des Résumés solllte etwa ein Drittel der Textvorlage betragen.
2. Es steht grundsätzlich im Präsens.
3. Es darf keine wörtliche Rede enthalten.
4. Es folgt der Chronologie der Ereignisse bzw. den sachlogischen Zusammenhängen.
5. Bei der Darstellung der Sachverhalte darf keine Spannung erzeugt werden; es muß objektiv berichtet werden.
6. Der Sachverhalt muß unbedingt in eigenen Worten wiedergegeben werden, d. h., es ist erforderlich, sich von der Vorlage zu lösen.

Vorarbeiten zum Textverständnis

1. Lesen Sie den Text gründlich durch. Markieren Sie grundsätzlich im Text *mit unterschiedlichen Farben* die Angaben über Person(en), Ort(e), Zeit und die Hauptelemente der Handlung(en).
2. a) **Vokabular:** Klären Sie unbekanntes Vokabular durch Nachschlagen in einem einsprachigen Lexikon. Schreiben Sie sich die Wortdefinitionen auf, um Anhaltspunkte zur Wiedergabe in eigenen Worten zu gewinnen.
   Beispiel: *un automobiliste → personne qui <u>conduit</u> une voiture, un conducteur*
   b) Erschließen komplexer Sätze: Führt auch wiederholtes intensives Lesen nicht zum Ziel, dann empfiehlt es sich, zunächst das finite (gebeugte) Verb des Hauptsatzes zu ermitteln und von diesem Punkt aus Schritt für Schritt die Struktur des Gesamtsatzes zu klären (Subjekt – Objekt – adverbiale Bestimmung/en).

Anmerkung: Adjektive und Adverbien sind oft für das unmittelbare Textverständnis nicht erforderlich.

c) **Schlüsselwörter:** Eine weitere Hilfe zur Erarbeitung der manifesten Textinformationen besteht im Auffinden der Schlüsselwörter *(les mots-clés)*. Darunter versteht man zentrale, sinntragende Wörter, ohne die der Text nicht verständlich ist. Diese können in Form eines Sachfeldes *(centre d'intérêt)* erarbeitet werden. Darunter versteht man Wörter, die zu einem bestimmten Thema gehören.

   Beispiel: *criminalité → le criminel, le crime, commettre un crime, le délinquant, la délinquance juvénile*

Vorarbeiten zur Abfassung des Résumés

Die für das Résumé vor allem geeigneten Texte sind u.a. dadurch gekennzeichnet, daß Personen an einem oder mehreren Ort(en) zu einer (bestimmten) Zeit aus **bestimmten** Gründen handeln. Daher können die vordergründigen Informationen eines Textes mit Hilfe eines Rasters *(grille)* erarbeitet werden, das nach Person(en), Handlung(en), Schauplatz / Schauplätzen, der Zeit und u.U. nach den Gründen aufgegliedert ist: *Qui fait Quoi, Où, Quand et Pourquoi.*

<u>Beispiel 1:</u>

Ecstasy saisie

Quelque 12 210 cachets d'ecstasy dissimulés dans des sacs de sport à double fond ont été saisis dans un train de nuit reliant Amsterdam à Paris par les douaniers français dans la nuit du 2 au 3 janvier.
(France-Soir 8-1-1997)

Annotations:
un cachet: Tablette; dissimuler qc: cacher qc; à double fond: mit doppeltem Boden; saisir qc: prendre, *ici:* aufspüren

qui?	quoi?	où?	quand?	pourquoi? comment?
les douaniers français	saisissent de cachets d'ecstasy	dans des sacs de sport dans le train d'Amsterdam à Paris	dans la nuit du 2 au 3 janvier 1997	

Was bei der Abfassung zu beachten ist

1. Schreiben Sie zunächst einen Einleitungssatz, in dem folgende Angaben gemacht werden müssen:
   a) Textsorte (p. ex. roman, nouvelle, drame, poème, article de journal)
   b) Titel (titre)
   c) Verfasser (l'auteur)
   d) weiterführende Angaben zur Quelle, dem Erscheinungsort und -jahr; diese sind jedoch für unsere Zwecke nicht unbedingt notwendig.
2. Verfassen Sie als nächstes einen inhaltsüberschauenden Satz, der in allgemeiner Form das Thema des zu resümierenden Textes angeben soll.

Zur sprachlichen Darstellung finden Sie hier im Merkkasten einige Vorschläge:

L'auteur traite le problème / le sujet de ...
L'écrivain aborde / évoque/ analyse/ présente le sujet de ...
Le narrateur critique l'attitude de ...
Le poète décrit le comportement de ...
Dans le texte, il s'agit de (d'une description de ...) ...
Le thème de ce texte / de cet article est (la découverte d'un crime) ...

<u>Beispiel:</u>

Dans l'article publié dans le journal «France-Soir» du 8 janvier 1997 <u>il s'agit de</u> la découverte d'un crime.

Zur Ausformulierung des Rasters (s.o.) erhalten Sie im folgenden Merkkasten einige sprachliche Hilfen. Mit diesen Redemitteln erwerben Sie ein Grundgerüst, das Ihnen Sicherheit beim weiteren Schreiben gibt.

qui?	quoi?	où?	quand?
– le personnage principal / secondaire	– commet un vol un crime		
– le héros / l'héroïne	– rêve d'une meilleure vie		
– le protagoniste x / y	– joue le rôle principal		
		– l'action se passe…	– en 1940
		– l'histoire se déroule…	– au printemps
		– la scène joue …	– le soir
	Dans ce texte il s'agit de la découverte d'un délit.		

Ausformuliertes Beispiel:

Einleitung / Introduction:
Le texte, un article de presse, intitulé Ecstasy saisie, est publié dans le journal France-Soir du 8 janvier 1997. Le journaliste y relate la découverte d'un délit.

Wie Sie aus den beiden Sätzen ersehen können, enthält die Einleitung / *introduction* Textsorte, Titel, Herkunft des Textes, Erscheinungsdatum (vgl. dazu S. 9, 1. d) sowie einen inhaltsüberschauenden Satz, der die Thematik umreisst.

Résumé:
Dans la nuit du 2 au 3 janvier 1997 des douaniers français trouvent de l'ecstasy cachée dans le train d'Amsterdam à Paris.

Beispiel 2:

Incendie dans L'Essonne

Deux personnes ont été blessées hier matin à Sainte-Geneviève (Essonne), dans l'incendie d'un appartement qui a endommagé deux autres logements. L'incendie s'est déclaré vraisemblablement à la suite d'un court-circuit dans une guirlande électrique d'un sapin de Noël.
France-Soir 8-1-1997

Annotations:

un incendie: Brand; blesser qn: jdn verletzen; endommager qc: etw. beschädigen; un court-circuit: Kurzschluss

---

ACHTUNG

Das Raster ist in diesem Fall durch die Spalte «Pourquoi» zu erweitern. Außerdem sind bei der Zeitangabe Veränderungen vorzunehmen.

Bevor Sie mit der Abfassung des Résumés beginnen, lesen Sie zunächst die im Kasten zusammengestellten Vorschläge für Orts- und Zeitangaben:

MERKE

Originaltext	Résumé
ici →	là
maintenant →	alors / à ce moment-là
hier →	le jour avant / la veille
ce soir →	ce soir-là
demain →	le lendemain

Einleitung / Introduction:
Dans l'article tiré du journal «France-Soir» du 8 janvier 1997 le journaliste relate un incendie.

Résumé:
Deux personnes ont été blessées la veille lors d'un incendie d'appartement qui s'est produit à Sainte-Geneviève à cause d'un défaut électrique dans la décoration d'un sapin de Noël.

Die Behandlung der wörtlichen Rede

Im Résumé kommt keine wörtliche Rede vor. Diese wird in die indirekte umgewandelt. Hierbei sind bestimmte Zeitverschiebungen und besondere Ausdrucksweisen zu beachten, die das Gesagte abstrahieren.

Beispiel:

Pierre rencontre Yvonne dans la rue.

Pierre: Salut, Yvonne. Qu'est-ce que tu vas faire ce soir? On pourrait aller en disco.
Yvonne: Oui, pourquoi pas.
Pierre: Alors je passe chez toi vers neuf heures.
Yvonne: D'accord. A toute à l'heure.
Pierre: Au revoir, Yvonne, et à ce soir.

Transformation:
Pierre salue Yvonne et lui demande ce qu'elle va faire ce soir-là.
Il lui propose d'aller en disco.
Yvonne accepte son invitation. Ils se donnent rendez-vous à neuf heures chez Yvonne. Puis les deux se quittent en se disant au revoir.

Daraus ergeben sich folgende Transformationsregeln:

	Direkte Rede	Indirekte Rede
1. Die direkte Frage wird in die indirekte umgewandelt:	Qu'est-ce que tu vas faire? ⟶	Il lui demande ce qu'elle va faire.
2. Veränderung der Personalpronomina:	tu ⟶	elle
3. Veränderung der Zeit:	ce soir ⟶	ce soir-là
4. Abstraktion der Gedankenführung:	d'accord ⟶	Elle accepte son invitation.

1. Das Résumé wird im Präsens geschrieben, auch wenn der Text in der Vergangenheit steht.

2. Sollen – **vom Berichtzeitpunkt aus** gesehen – jedoch Ereignisse dargestellt werden, die

   a) **in der Vergangenheit** liegen, so steht das *passé composé*.

   b) **in der Zukunft** liegen, so steht das *futur simple*.

Beispiel für einen komplexeren Text

Les abcès de la violence

C'était à la Cité des 4.000 à la Courneuve (Seine-Saint-Denis), une vaste cité ouvrière à forte population immigrée. Ce soir-là, c'était la fin du ramadan.

Il est environ 20h30. Avec trois ou quatre de ses camarades, Toufik, un gamin de dix ans d'origine nord-africaine, joue au bas d'une H.L.M. de
5 quinze étages. Il fait très chaud. Les enfants s'amusent à faire exploser des pétards. Leur manière de fêter le dernier jour du ramadan.

Soudain, d'une des innombrables fenêtres de l'immeuble, une bouteille d'eau en plastique tombe sur eux. Puis, immédiatement après, éclate un coup de feu. Dans un premier temps, les enfants ne se rendent compte de
10 rien en raison du bruit des pétards. Puis, selon les témoignages, le jeune Toufik part en courant se réfugier sous une des allées couvertes, à une vingtaine de mètres de là. Il chancelle. Deux camarades le soutiennent et remarquent un trou rouge sous la clavicule gauche.

Emmené à l'hôpital, l'enfant rend son dernier souffle à 21h40. La balle lui a
15 perforé la poitrine.

Le Figaro du 11 juillet 1983 (texte abrégé)

Annotations:

une H.L.M.: habitation à loyer modéré (sozialer Wohnungsbau); un pétard: Knallkörper; innombrable: très nombreux (le nombre); un témoignage: déclaration de ce qu'on a vu, entendu; chanceler: risquer de tomber (taumeln); une clavicule: Schlüsselbein; rendre son dernier souffle: mourir; perforer: durchbohren; la poitrine: Brust

Les mots-clés:
La Cité des 4000 – [forte] population immigrée [nord-africaine] – fin du ramadan – enfants – amuser – faire exploser des pétards – bouteille d'eau – tomber – coup de feu – Toufik – se réfugier – trou rouge – hôpital – rendre son dernier souffle

Textgliederung
Die Hauptinformationen des Textes können mit Hilfe des oben ausführlich dargelegten Rasters erschlossen werden. Nun wird die Handlung in Abschnitte gegliedert. Dazu sind für die einzelnen Absätze knappe, zutreffende Überschriften zu finden, und zwar entweder in Form von Stichworten oder besser noch als ganze (kurze) Sätze.

Plan du texte / Strukturiertes Résumé:
Ungekürzte, vor allem expositorische (Sach-) Texte gliedern sich grundsätzlich in:
I   Einleitung / *introduction*
II Hauptteil / *partie principale (développement des idées)*
III Schluß / *conclusion (fin)*

Im folgenden Merkkasten erhalten Sie einige Ausdrücke zur Gliederung des Textes:

- Ce texte se divise / se découpe en ... parties, paragraphes
- On pourrait diviser / découper le texte en ... parties

- La première partie va de la ligne 1 / du début à la ligne ...
- Elle a pour titre ... / Elle porte le titre ... / Elle est intitulée ...

Aus dem Beispieltext ergibt sich folgende Struktur:

I. Introduction (indication du lieu, du temps et des personnages, l. 1–2)
Des immigrés maghrébins fêtent la fin du ramadan dans une cité ouvrière, près de Paris.

II. Partie principale (développement des idées, l. 3–13)
1. Quelques enfants d'origine maghrébine jouent avec des pétards.
2. Un habitant anonyme jette une bouteille en plastique.
3. On entend des coups de feu.
4. Un enfant est grièvement blessé.

III. Conclusion (fin, l. 14/15)
L'enfant meurt dans un hôpital.

Werden nun die in Satzform angefertigten Zusammenfassungen der einzelnen Abschnitte miteinander durch Konjunktionen und / oder Adverbien z. B. temporaler, kausaler Art verbunden, dann erhält man ein vorläufiges Gerüst für das Résumé.

Vorläufige Fassung

Einleitung / Introduction:
L'article intitulé / qui porte le titre / qui a pour titre «Les abcès de la violence» est paru dans Le Figaro du 11 juillet 1983. Le journaliste y informe les lecteurs d'un crime qui s'est produit la veille.

Résumé:
Le 10 juillet 1983, trois ou quatre enfants de la Cité des 4.000 à la Courneuve, où vivent beaucoup d'étrangers venant surtout d'Afrique du Nord, fêtent la fin du ramadan en jouant avec des pétards qu'ils font exploser devant des H.L.M. A un moment donné, quelqu'un jette une bouteille d'eau en plastique sur les enfants. Tout de suite après, on entend un coup de feu. Toufik, un garçon maghrébin, est touché par une balle. Ses camarades l'emmènent sous une allée couverte où ils remarquent qu'il a un trou dans la poitrine. On le transporte d'urgence dans un hôpital. Il y meurt une heure plus tard.

Bevor der Text seine endgültige Form erhält, muß er nun noch weiter abstrahiert und verdichtet werden, wie Sie aus der endgültigen Fassung entnehmen können. Die Unterstreichungen im Text verweisen auf einige Möglichkeiten gedanklicher und stilistischer Abstraktionen.

Endgültige Fassung

Einleitungssatz und inhaltsüberschauender Satz bleiben unverändert.

Dans un quartier pauvre (1) aux environs de Paris (1), habité (2) surtout par des étrangers d'origine maghrébine, quelques enfants fêtent bruyamment (3) la fin du ramadan (4). A un moment donné (4), quelqu'un lance une bouteille d'eau en plastique sur les enfants. Tout de suite après (4) on tire sur eux (5). Un des enfants, Toufik, grièvement blessé (2), est transporté dans un hôpital (1) où (1) il meurt une heure après (4).

Die Zahlen im Text haben folgende Bedeutung:

Gedankliche Abstraktionen:
1) Ortsangaben
4) Zeitangaben
3) Generalisierungen

Stilistische Abstraktionen
5) Pronominalisierung
2) Satzellipse

Übungstexte

EXERCICE

1

Fusil à pompe au lycée: un surveillant blessé

A 15h30 hier, dans la cour du lycée professionnel Moulin-Fondu, à Noisy-le-Sec (Seine-Saint-Denis), Lambert Mathar, un jeune surveillant d'origine antillaise surveille les ados quand un trio fait soudain irruption dans l'établissement. «Les jeunes hommes» n'ont même pas pris la précaution de
5 masquer leurs visages. C'est apparemment au surveillant qu'ils en veulent directement.
Ils lui tirent dessus avec une arme de chasse. Immédiatement après, le groupe s'enfuit, sa sale mission remplie. L'homme s'effondre, atteint à la cuisse, puis est transporté à l'hôpital Avicennes à Bobigny. Ses jours ne sont
10 pas en danger.
Décrit par sa sœur comme un jeune homme «discret, qui ne parle pas beaucoup», Lambert travaillait depuis trois ans dans cet établissement où sa sœur avait également occupé un poste de surveillante. «Il ne m'a jamais parlé d'un problème particulier ou de menace», raconte-t-elle.

15 Hier, les enquêteurs s'interrogeaient encore sur les mobiles – absolument indéterminés – du trio vengeur.

Jean-Frédéric Tronche, France-Soir du 8 janvier 1997 (texte légèrement adapté)

Annotations:

un fusil à pompe: Pumpgun; un ado *fam.*: un adolescent, un jeune; faire irruption dans: entrée de force; une précaution: mesure pour éviter un risque; s'effondrer: tomber; une cuisse: Oberschenkel; un enquêteur: *ici:* un policier; un mobile: un motif

Arbeitsanweisungen:

1. Unterstreichen Sie im Text die Angaben zu Personen, Handlung, Ort, Zeit, Art und Weise der Ausführung der Handlung, Gründen verschiedenfarbig und tragen Sie diese in ein Raster ein. (Vgl. Muster S. 10)
2. Gliedern Sie anschließend den Text, verfassen Sie zu jedem Abschnitt eine Überschrift oder einen kurzen Satz.
3. Formulieren Sie hieraus und unter Berücksichtigung des Rasters einen zusammenhängenden Text. Dieser hat vorläufigen Charakter, das heißt, in ihm dürfen Paraphrasen vorkommen. Die Abstraktion erfolgt im nächsten Schritt.
4. Nun müssen die Sachverhalte zusammengefasst und in eigenen Worten auf einer höheren Abstraktionsebene dargestellt werden. Es geht also darum, den vorläufigen Text redaktionell zu bearbeiten, das heißt, zu verdichten.
5. Bei der Abfassung der Einleitung sowie des inhaltsüberschauenden Satzes orientieren Sie sich bitte an den Ausführungen auf Seite 9.

Die Lösungen finden Sie im Lösungsheft.

EXERCICE

2

Sartrouville: drame à la cité des Indes

Les Indes. L'évocation fait rêver. Sauf à Sartrouville. C'est le nom de la «cité perdue», du «ghetto» (...) Mille six cents familles s'y entassent, des pauvres, des immigrés, des exclus... Cité de la galère, aujourd'hui endeuillée et révoltée: un jeune y est mort, mardi soir, «tiré», diront ses copains, par un vigile
5 de grande surface.

Les faits: Djamel Chitou, dix-neuf ans, déambule avec quelques amis dans les allées du centre commercial Euromarché, tout proche de la cité des Indes. C'est le rendez-vous quotidien des désœuvrés. (...) Les vigiles du centre, les «cobras», comme les appellent les jeunes en raison d'un insigne sur
10 leur uniforme, sont là aussi, attentifs. (...)

Le groupe de «promeneurs» s'installe, semble-t-il, à l'intérieur de la cafétéria. Djamel ne consomme pas. «Il respecte le ramadan», dit un des ses amis. Version totalement différente du côté de la direction d'Euromarché: «Le groupe chahutait et se montrait menaçant.»

15 Tout le monde se retrouve à l'extérieur. Le ton monte. Des menaces, probablement quelques coups. Soudain, une détonation. Djamel s'écroule. Un vigile (...) est allé chercher un fusil à pompe. Une arme qu'il n'aurait jamais dû posséder. (...)

Touché dans la région du cœur, perdant son sang en abondance, Djamel est 20 embarqué dans la voiture du tireur, qui, accompagné d'un autre vigile, fonce vers la maison de santé de Nanterre. Djamel n'y arrivera pas vivant ... Les deux hommes sont immédiatement arrêtés.

Le Figaro du 28 mars 1991 (texte abrégé)

Annotations:

Sartrouville: ville dans la région parisienne; les Indes: nom d'un quartier à Sartrouville; s'entasser: habiter dans un lieu trop étroit (*voir* le tas: Haufen); la galère: *ici:* la misère; endeuiller: rendre très triste (le deuil: Trauer); un vigile: un gardien; une grande surface: *ici:* un centre commercial, un hypermarché; déambuler: se promener; un désœuvré: *ici:* un chômeur; un insigne: Abzeichen; chahuter: faire du bruit, se comporter mal; s'écrouler: tomber; en abondance: en grande quantité; foncer: aller à grande vitesse

Arbeitsanweisungen:

1. Unterstreichen Sie im Text die *mots-clés* verschiedenfarbig. (vgl. S. 14).
2. Verfassen Sie eine *grille* (s. S. 9/10), in die Sie die *mots-clés* übertragen.
3. Gliedern Sie anschließend den Text.
4. Verfassen Sie mit Hilfe der *mots-clés* zu jedem Abschnitt eine Überschrift oder einen kurzen Satz *(plan du texte)*.
5. Formulieren Sie hieraus nun einen kohärenten Text. Dieser hat vorläufigen Charakter, d.h., in ihm dürfen Paraphrasen vorkommen *(z. B. Djamel Chitou, déambule avec quelques amis dans les allées du HLM ...* wird folgendermaßen verändert: *Djamel se promène avec quelques camarades dans les rues du HLM ...)*, d.h., die Sachverhalte werden in eigenen Worten wiedergegeben.
6. Nun müssen diese auf einer höheren Abstraktionsebene dargestellt werden. Es geht also nicht darum, einen neuen Text zu verfassen, sondern den vorangegangenen redaktionell zu bearbeiten, d.h. zu verdichten.
7. Bei der Abfassung der Einleitung sowie des inhaltsüberschauenden Satzes orientieren Sie sich an den Ausführungen auf Seite 9 f.

Die Lösungen finden Sie im Lösungsheft.

Commentaire

Allgemeines

Aus zeitökonomischen Gründen bearbeiten wir das Thema „Commentaire" nicht auf Grundlage konkreter Texte, sondern gehen davon aus, dass bestimmte Themenkomplexe im Unterricht behandelt worden sind, die Anlass bieten, sich mit ihnen kritisch (kommentierend) auseinanderzusetzen. Solche Themen könnten z.B. aus folgenden Bereichen stammen:
– les jeunes
– les rapports franco-allemands
– environnement
– vie sociale
– la femme

Was wird verlangt?

Im Kommentar soll insbesondere festgestellt werden, inwieweit Sie fähig sind:
– ein im Text enthaltenes Problem folgerichtig zu erörtern,
– differenziert Stellung zu nehmen und Ihre Auffassung schlüssig zu begründen.

Kommentartypen

Man unterscheidet hauptsächlich zwei Arten von Kommentaren:
a) le commentaire littéraire, historique, géographique
b) le commentaire personnel

Wir beschäftigen uns zunächst mit dem *commentaire personnel,* in dem allgemeine Fragestellungen reflektiert werden. Der literarische Kommentar, eine ebenfalls häufig gestellte Aufgabe, wird im Zusammenhang mit der Analyse literarischer Texte behandelt, da hierfür spezifische Kenntnisse vorausgesetzt werden (s. S. 31 f.).

Aufgabenstellungen

Beim *commentaire personnel* wird zwischen folgenden Aufgabenstellungen unterschieden:
a) der Kommentar aufzählenden Charakters (er entspricht dem steigernden Aufsatz im Deutschunterricht),
b) der Kommentar nach dem Muster *observation – réflexion – action,*
c) der dialektische Kommentar nach dem Prinzip *thèse – antithèse – synthèse.*

Für diese Kommentararten werden jeweils entsprechende Aufgaben sowie Lösungsmöglichkeiten und sprachliche Hilfen in Merkkästen angeboten.

Formale Kriterien

Ein Kommentar besteht aus drei Teilen:
a) Einleitung *(introduction)*
   In der Einleitung wird das Thema genannt und in die zu bearbeitende Problematik eingeführt.
b) Hauptteil *(partie principale ou développement)*
   Im Hauptteil gliedern Sie Ihre Darstellung in mehrere Argumente und führen diese dann anhand von Beispielen aus *(développement des idées).*
c) Schluß *(conclusion)*
   Im Schlußteil sollen Sie Folgerungen aus dem bisher Gesagten ziehen und eindeutig Ihre eigene Meinung zum Ausdruck bringen, und zwar nach Möglichkeit unter Hinzufügung eines weiteren Gesichtspunktes – gedankliche Erweiterung –, der Ihre persönliche Auffassung ausdrückt.

Vorarbeiten

Beginnen Sie mit einer **Stoffsammlung,** in der Sie alles, was Ihnen zu diesem Thema einfällt, zunächst völlig ungeordnet notieren. Dies müssen keine vollständigen Sätze sein. Lassen Sie sich hierbei von Assoziationen leiten, denken Sie an konkrete Beispiele.

Gliedern Sie als nächstes die gefundenen Argumente nach übergeordneten Gesichtspunkten, z.B. in Tabellenform. Beim dialektischen Kommentar empfiehlt sich eine Gliederung z.B. nach dem Grad der Übereinstimmung:

d'accord	pas d'accord	partiellement d'accord

Nun müssen Sie sich einen Argumentationsplan, also eine Gliederung überlegen.

Beginnen Sie mit den für Sie weniger wichtigen Argumenten, beim dialektischen Kommentar mit der Auffassung, mit der Sie am wenigsten übereinstimmen. Ordnen Sie die nachfolgenden Gesichtspunkte dann steigernd (d.h. nach dem Grad der Bedeutung des Arguments) an.

Abfassen des Kommentars

Hierfür erhalten Sie in den folgenden Merkkästen zu den einzelnen Kommentartypen einige sprachliche Hilfen:

MERKE

Beispiele für die Einleitung / Introduction:
Mon commentaire personnel portera sur la question...

Dans mon commentaire personnel	j'aborderai / j'analyserai je traiterai	la question suivante

Pour répondre à la question, il faut peser le pour et le contre.

Kommentar aufzählenden Charakters
(lineare Erörterung)

Beispielthema:

Comment les jeunes peuvent-ils contribuer à améliorer les relations franco-allemandes?

Im Merkkasten auf S. 22 finden Sie für den Hauptteil *(développement)* sprachliche Hilfen zur Aufzählung von Argumenten:

D'abord	il est nécessaire de
Premièrement	il faut
En premier lieu	
Ensuite	
Puis	il ne faut pas oublier
En outre	il faut insister sur l'importance de
Un autre problème	
Un problème supplémentaire	est que
En dernier lieu	je voudrais encore ajouter que
Finalement	j'aimerais mentionner que
Pour conclure	
On conclura que	

Gehen Sie zunächst assoziativ vor (s. S. 20). Dazu können Sie alle Ideen sammeln, die Ihnen zu diesem Thema im weitesten Sinne einfallen. Lassen Sie Ihrer Phantasie ruhig freien Lauf.

Im folgenden Schritt sortieren Sie dann Wesentliches und streichen das Unwesentliche aus Ihrer Liste. Dann ordnen Sie die Begriffe, Kurzsätze (also Ihre Ideen) nach übergeordneten Kategorien.

Ausführung:

1. Schreiben Sie einen Einleitungssatz *(introduction)*.
2. Führen Sie zum Thema hin: Überleitung *(transition)*.
3. Stellen Sie einen Argumentationsplan auf: Hauptteil *(développement)*.
4. Formulieren Sie die Sätze aus.
5. Verbinden Sie die einzelnen Abschnitte durch Überleitungssätze.
6. Schreiben Sie einen Schlußteil, in dem Sie Bilanz ziehen, Ihre persönliche Auffassung darstellen und ein weiteres Ihnen besonders wichtiges Argument hinzufügen.

Einleitung / Introduction:

Dans le commentaire suivant j'aborderai *(s. Kasten)* la question comment les jeunes peuvent contribuer à améliorer les relations franco-allemandes.

Hinführender Satz:
Les rapports franco-allemands ont été assez mouvementés au cours de ce siècle. Les guerres étaient p. ex. la conséquence de préjugés, de malentendus, de clichés, d'idées toutes faites qu'il faut absolument éviter dans l'avenir. Pour atteindre ce but, il faut bien connaître le pays voisin et s'en faire une image objective.

Überleitung / Transition:
Alors, qu'est-ce que les jeunes, qui décideront de la politique dans l'avenir, peuvent-ils concrètement faire pour approfondir l'entente entre ces deux peuples?

Hauptteil / Développement:
D'abord, il est nécessaire d'apprendre la langue du voisin pour pouvoir s'informer, pour communiquer, pour entrer en contact avec des Français. La connaissance de la langue permet de suivre des émissions en français aussi bien à la radio qu'à la télévision (TV 5, Arte) et de lire des articles de journaux sur la politique, l'économie, les problèmes sociaux et culturels. Cela permet de mieux apprécier / comprendre la culture et la civilisation de notre voisin.
Ensuite, je pense qu'il est indispensable de s'intéresser à la littérature française, car c'est à travers elle (entre autres) que se révèlent quelques traits caractéristiques des Français.
En outre, des voyages en France mènent à une meilleure connaissance du pays, de sa géographie, des grands lieux touristiques.
Mais j'insiste avant tout sur la nécessité d'entrer en contact personnel avec de jeunes Français. Ceci est possible en participant aux échanges scolaires, aux jumelages entre les villes, aux rencontres sportives et aux stages binationaux, organisés p. ex. par l'Office franco-allemand. Au cours de ces stages, on apprend à mieux se connaître en vivant et en travaillant ensemble, p. ex. pour la lutte contre la pollution de l'environnement ou en entretenant des cimetières de guerre.
En dernier lieu, il faut penser aussi à la possibilité de travailler en France pendant les vacances ou de passer un an dans ce pays comme fille ou garçon au pair.

Schluss / Conclusion:
A mon avis, de nombreuses possibilités sont offertes aux jeunes d'aujourd'hui pour mieux connaître la France. En y participant, on pourrait contribuer à construire un meilleur avenir, paisible et prospère, au sein de l'Europe.

Die hervorgehobenen Ausdrücke verweisen auf den Merkkasten zum Kommentar aufzählenden Charakters (vgl. S. 22).

Übungsthema:

EXERCICE

3 Que pourrait-on faire, à votre avis, pour résoudre les problèmes des habitants des villes satellites?

Bearbeiten Sie nun diesen Übungstext nach dem oben vorgeführten Muster. Eine mögliche Lösung finden Sie im Lösungsheft. Wir haben uns bei diesem Beispiel auf Stoffsammlung und Gliederung beschränkt.

Kommentar vom Typ
observation – réflexion – action

Beispielthema:

«P'tit Louis, l'ancien journalier, mort de froid au fond d'une grotte».
(Le Monde du 17-01-1997)
Que proposeriez-vous pour améliorer la situation des sans-abri?

Neben den oben genannten sprachlichen Hilfen zur Aufzählung der Argumente benötigen Sie für die Versprachlichung des Hauptteils weitere Ausdrücke:

MERKE

pour donner un exemple:

– en ce qui concerne
– quant à   on | peut constater que
                                    | constatera que

– à l'égard de
– au sujet de
– prenons l'exemple de

pour donner la cause:

– à cause de
– parce que (qu')
– car

- c'est pourquoi
- par conséquent
- c'est la raison pour laquelle

pour concéder (etwas einräumen):

– il est vrai	que		
– il est exact	mais	il ne faut pas	oublier
– il est évident			passer sous silence
		il faut	rappeler que

pour minimiser un problème (ein Problem herunterspielen):

- c'est un cas isolé
- ces cas ne sont pas | nombreux
  | représentatifs

- il ne faut pas | exagérer
  | généraliser

pour s'opposer à:

- cela n'empêche pas qu'il faille
- je désapprouve l'indifférence des autorités politiques

Einleitung / Introduction:
Dans ce commentaire personnel je traiterai la question *(s. Kasten, S. 21)* comment on pourrait aider les sans-abri.

Überleitung / Transition / Observation:
Dans toutes les villes d'Europe on voit de plus en plus d'hommes et de femmes sans domicile fixe qui passent la journée et la nuit dans les rues ou dans un chantier et cela, même quand il fait très froid. Quelles sont les causes de cette situation et comment pourrait-on concrètement l'améliorer?

Hauptteil / Développement / Réflexion:
Souvent ces gens ont perdu leur travail et leur logement, d'où suit/ résulte un cercle vicieux, car, sans travail, pas de logement et sans domicile fixe, pas de travail.

En outre, il faut savoir que ces gens aiment souvent leur indépendance, qu'ils refusent d'aller dans des foyers d'accueil souvent malpropres, où ils risquent d'être volés, où il y a des disputes, de la violence, des alcooliques et des drogués qui font du bruit toute la nuit.

Mais il ne faut pas oublier que ces sans-abri sont souvent dans un état qui leur fait sous-estimer les dangers du froid. La situation des sans-abri s'aggrave aussi à cause du manque de la solidarité de la population et de l'indifférence des gens qui passent dans la rue sans les regarder et qui les considèrent comme des criminels au lieu d'avoir pitié d'eux.

Qu'est-ce qu'on pourrait faire?

D'abord, il serait nécessaire d'améliorer les conditions de vie dans les foyers d'accueil: des foyers moins grands, plus propres, où on s'occupe de ces personnes et où on leur redonne confiance en eux mêmes.

Quand il fait très froid, il faudrait aussi prendre des mesures d'urgence. Une pourrait être, d'après moi, de leur permettre de passer la nuit dans les stations de métro et dans quelques églises.

Ensuite, il faut sensibiliser les gens afin qu'ils se sentent concernés par le destin de ces personnes. Quand il fait très froid et qu'ils voient un sans-abri le soir dans la rue, une réaction pourrait être de contacter les services sociaux de la ville pour qu'ils s'occupent de ce pauvre. Il serait, à mon avis, aussi souhaitable, d'entrer en contact avec un sans-abri, de parler avec lui, de lui donner un repas et un thé chaud pour l'aider, pour le consoler et pour qu'il ne perde pas espoir.

Evidemment / Certes, ces propositions ne sont que des solutions provisoires. Mais à long terme, il faut, d'après moi, les aider à se réintégrer dans la société: les rendre capables de pouvoir trouver un travail simple et manuel qui leur garantisse un minimum d'existence, et leur permette de payer le loyer d'un logement modeste.

Schluss / Conclusion:

Je sais qu'il est très difficile d'aider les sans-abri. Mais une société solidaire a le devoir de commencer à les aider. A Hambourg, un premier pas a été fait: les sans-abri sont vendeurs de journaux, ils peuvent garder la moitié du prix de vente. Par ces activités ils ont une tâche à remplir dans la société, et en outre, ils gagnent un peu d'argent, ce qui leur permet de survivre.

Die hervorgehobenen Ausdrücke verweisen auf den dazugehörigen Merkkasten (S. 22, S. 25).

Bearbeiten Sie nun nach diesem Muster die folgende Aufgabe:

Übungsthema:

EXERCICE
4
La délinquance juvénile est un problème d'actualité. Quelles en sont à votre avis les causes? Quelles en sont d'après vous les solutions?

Eine mögliche Lösung finden Sie in verkürzter Form im Lösungsheft.

Dialektischer Kommentar

Beispielthema:

Partagez-vous le point de vue d'un journaliste français exprimé dans la phrase suivante: «Les jeunes d'aujourd'hui ne s'engagent pas dans la vie politique et ne poursuivent que l'idée du bonheur individuel et leur propre carrière?»

Im folgenden Merkkasten finden Sie die sprachlichen Mittel, mit denen Sie den Grad Ihrer Übereinstimmung zum Ausdruck bringen können:

MERKE

d'accord

je suis d'accord	avec l'auteur
je partage	l'avis de l'auteur
j'approuve	

l'auteur a raison quand il	affirme que
	prétend que
	dit que
	critique
	s'oppose à

pas d'accord

je ne suis pas d'accord avec l'auteur

| je désapprouve son | opinion |
| | avis |

| je m'oppose à sa thèse | selon laquelle |
| il a tort d'affirmer | que |

ACHTUNG

Um einen zusammenhängenden Text herzustellen, vergessen Sie nicht, die einzelnen Abschnitte Ihres Hauptteils durch Überleitungssätze zu verbinden, z. B.:

– Après avoir abordé le problème ... je traiterai la question ...
– Nous pouvons passer maintenant à un autre point.
– Passons maintenant au point suivant.
– A présent, j'aborderai / j'évoquerai / je traiterai le problème de ...

Um abschließend Ihre persönliche Meinung formulieren zu können, finden Sie im folgenden Merkkasten einige sprachliche Hilfen:

MERKE

La conclusion

– je tirerai la conclusion | que
– je conclurai
– je trouve
– je pense
– je crois   que + *indicatif*
– j'estime

– il me semble | que
– je suis d'avis

– à mon avis

– d'après | moi
     mon expérience personnelle

Je suis	persuadé convaincu	que + *indicatif*
Attention:		
Je ne	pense trouve crois	pas que + *subjonctif*
il semble		que

Einleitung / Introduction:
Dans cet article de presse, un journaliste **reproche** aux jeunes de ne pas s'engager dans la vie politique. Il prétend **par contre** qu'ils ne poursuivent que leur bonheur individuel et leur propre carrière.

Überleitung / Transition:
Dans le commentaire suivant, **je traiterai** la question si l'auteur a raison ou tort. **Je commencerai** par des arguments soutenant l'opinion de l'auteur.

Hauptteil / Développement:
(Arguments soutenant l'opinion de l'auteur)

On voit de moins en moins de jeunes qui s'engagent dans les partis politiques et qui participent aux élections. Même si on accordait le droit de vote aux jeunes de seize ans, ceux-ci ne se senteraient pas concernés (du tout). Ceci n'est pas seulement une conséquence de leur sens matérialiste, mais est aussi dû aux mauvais exemples donnés par les hommes politiques auxquels on reproche de s'enrichir personnellement et qui ont l'air de profiter de leur fonction au lieu de servir l'Etat et leurs électeurs.
Il ne faut pas oublier que le matérialisme que l'auteur reproche aux jeunes est aussi une conséquence de la mauvaise situation économique actuelle, du chômage, des difficultés à être accepté(s) sur le marché du travail. Les jeunes n'ont pas confiance en l'avenir, c'est pourquoi ils pensent plus souvent à la carrière professionnelle qui leur permettra de mener leur propre vie et d'être ainsi indépendants de leurs parents.
D'autre part, ne voit-on pas de plus en plus souvent de jeunes, poussés par leurs parents exigeants, devenir star de tennis, mannequin, acteur connu ou médecin célèbre?

Antithèse:
Mais il y a aussi par exemple des jeunes, soucieux de l'avenir de la terre qui s'engagent pour la protection de l'environnement, nettoient les plages ou les berges des rivières. Ils s'informent et organisent des manifestations par exemple contre les usines nucléaires.

Exemple:
Il ne faut pas oublier non plus les jeunes filles qui travaillent pendant un an pour un petit salaire dans des hôpitaux ou des maisons de retraite où elles s'occupent des personnes âgées et des handicapés.

Schluss / Conclusion:
Je terminerai en soulignant qu'il est très difficile pour moi, de m'engager pour une idée générale, de m'identifier avec une idéologie. Mais je pourrais ainsi que mes amis travailler concrètement pour contribuer à résoudre p. ex. un problème précis, local, qui me concerne personnellement, de sorte que **je crois que** l'auteur a seulement **partiellement raison.**

Die hervorgehobenen Ausdrücke verweisen auf den zugehörigen Merkkasten (S. 24 f.).

Übungsthemen:

EXERCICE
5
«La centrale ne nous gêne pas, déclare un monsieur, habitant près d'une centrale nucléaire, en général, on est confiant dans les mesures de sécurité.»
Partagez-vous l'opinion de ce monsieur?
Dites si vous êtes pour ou contre l'énergie nucléaire.

Mögliche Lösung im Lösungsheft als ausformulierter Text.

EXERCICE
6
Les femmes, d'après vous, ont-elles les mêmes chances dans le monde du travail que les hommes?

Stoffsammlung und Gliederung finden Sie in Form von Stichworten im Lösungsheft.

Analyse

Allgemeines

Bei der Textanalyse sollen Sie laut Prüfungsordnung den Nachweis liefern, „inwieweit die im Text ausdrücklich gegebenen Informationen erfasst worden sind (z. B. zu Ort, Zeit, Personen, Vorgängen, Absichten, Problemen, Ursachen, Folgen)".
Darüber hinaus soll festgestellt werden, „in welchem Maße die **indirekten** (verschlüsselten) Textaussagen verstanden worden sind, d.h. inwieweit (…) ein **vertieftes Textverständnis** nachgewiesen wird (z. B. Verständnis der Intention des Autors oder unausgesprochenen Wertungen im Text)".

Die Textanalyse kann grundsätzlich an zwei unterschiedlichen Textsorten durchgeführt werden, nämlich den expositorischen (Sach-) und den fiktionalen (poetischen) Texten.

Um zur Interpretation literarischer Texte hinzuführen, werden im ersten Schritt politische Reden analysiert, da sie gehäuft Stilmittel enthalten, deren Kenntnis im weiteren Verlauf der Textanalyse benötigt wird. (Vgl. die einzelnen Stilmittel, S. 32 f.).

Wichtige Stilmittel

Um Aussageabsichten zu verstärken, sie hervorzuheben, möglicherweise diese auch abzuschwächen, benutzt der Autor bestimmte stilistische Mittel. Im Folgenden finden Sie die wichtigsten in alphabetischer Reihenfolge. Die Liste ist nicht vollständig. Sie sollten sich die Termini einprägen und bei Ihren Interpretationen anwenden. Dabei gilt es grundsätzlich darzulegen, welche Funktion ein bestimmtes Stilmittel im Kontext besitzt.

MERKE

Pour souligner, mettre en valeur, mettre en relief ou pour minimiser *(abschwächen)* une certaine idée, l'auteur se sert de certains moyens stylistiques. En voici une liste non exhaustive *(vollständig),* par ordre alphabétique:

Französisch	Deutsch	Beispiel
une allitération	Alliteration	Adieu les filles et les femmes (Marot)
une allusion	Anspielung	des gouvernants de rencontre (de Gaulle; gemeint ist die Vichy-Regierung)
une anaphore (répétition d'un même mot au début de plusieurs phrases / vers dans un poème)	Anapher	jours de lenteur, jours de pluie, jours de miroirs brisés (Paul Eluard)
une antithèse	Antithese	L'Être et le Néant (Sartre)
une apostrophe (l'auteur s'adresse au lecteur, p. ex. pour le convaincre)	Anrede	Aide-toi, le Ciel t'aidera. (La Fontaine)
un chiasme	Chiasmus / Kreuzstellung	Il faut manger pour vivre et non pas vivre pour manger (Molière)
une ellipse (une phrase incomplète, l'auteur omet des mots que le lecteur peut facilement deviner)	Ellipse	Qui m'aime me suive. (Philippe VI, roi de France)
une énumération (voir: gradation)	Aufzählung	
un euphémisme (sert à dissimuler une idée désagréable)	Euphemismus / Verharmlosung	il a vécu pour: il est mort
une gradation	Steigerung, Aufzählung	Je meurs, je suis mort, je suis enterré. (Molière)

une hyperbole (une exagération)	Übertreibung	il mange comme un lion
une litote (contraire de l'hyperbole)	Litotes	«pas mal» pour: bien (fait)
une métaphore	Metapher	Seize ans était la fleur de votre âge. (Ronsard)
un parallélisme	Parallelismus	Plaisir d'amour ne dure qu'un moment, Chagrin d'amour dure toute la vie. (Florian)
une périphrase	Umschreibung	la Ville éternelle (pour Rome)
une personnification	Personifikation	Sois sage, ô ma Douleur. (Baudelaire)

EXERCICE

7 A vous maintenant!

Caractérisez les moyens stylistiques utilisés dans les exemples suivants:

a) Shopping le jour, dancing la nuit.

b) la Ville-Lumière

c) Bonjour tristesse (titre d'un roman de Françoise Sagan)

d) Il m'a fait trop bien pour en dire du mal, il m'a fait trop mal pour en dire du bien. (Corneille)

e) Quand le ciel bas et lourd pèse comme un couvercle (Baudelaire)

f) Moins on pense, plus en parle. (Montesquieu)

g) L'Espérance est une petite fille de rien du tout. (Péguy)

h) Bien abonné, bien informé (publicité du journal: Les clés de l'actualité)

i) L'homme n'est point fait pour méditer, mais pour réagir. (Rousseau)

j) L'Allemagne et la France, les deux ailes de l'Occident (R. Rolland)

k) Jules devint tout à coup un honnête homme, un garçon de cœur, un vrai Davranche, intègre comme tous les Davranche. (G. de Maupassant)

l) Cette lettre était devenue l'évangile de la famille. (G. de Maupassant)

m) Gouverneurs! Administrateurs! Résidents de nos colonies et de nos protectorats! (Ch. de Gaulle)

Die Lösungen finden Sie im Lösungsheft.

Le discours politique

Alle für die Textanalyse erforderlichen Kenntnisse behandeln wir nun beispielhaft an einer Rede des französischen Staatsmannes Aristide Briand (1862 – 1932; Friedensnobelpreis 1926).

Beispieltext:

Aristide Briand: Locarno

Le 26 février 1926, Aristide Briand expose sa politique à la Chambre des Députés, lors du débat de ratification du traité de Locarno.

(...) Vous dites que, sur les rives pures du lac Majeur, j'ai planté un olivier, que l'on regarde avec complaisance, mais dont on ne peut attendre beaucoup d'ombrage. Ce n'est même pas cela. C'est moins qu'un olivier, c'est seulement un germe d'olivier qui a été planté. Et il commence à soulever, à la
5 surface du sol, de petites mottes de terre. Il croîtra si personne ne l'écrase d'un pied brutal. Et si, par malheur, il devait être écrasé, je souhaite que ce ne soit pas un pied français qui commette un pareil crime. (...)
Croyez-vous que je sois allé sans émotion à ce rendez-vous, au bord d'un lac, où je devais rencontrer des ministres allemands? Croyez-vous que je
10 n'éprouvais pas les sentiments les plus complexes et les plus profonds?
J'y suis allé, ils y sont venus, et nous avons parlé européen. C'est une langue nouvelle qu'il faudra bien que l'on apprenne.
(...)
Le peuple allemand est un grand peuple, il a ses qualités et ses défauts. Le
15 peuple français et lui se sont rencontrés, à travers des siècles, sur bien des champs de bataille ensanglantés. La dernière guerre a été effroyable, elle a dépassé toutes les prévisions. Ce ne sont plus des armées restreintes qui ont été aux prises, ce sont des nations entières qui, pendant des années, se sont déchirées.

20 Et puis, il y a eu des vainqueurs, oui! qui sont sortis de là avec un grand pre-
stige, avec une force morale agrandie, certes. Mais aussi dans quel épuisement!

Où sont les peuples qui peuvent résister à de telles secousses? Et quelles
craintes n'éprouve-t-on pas quand on les voit dans cet état de faiblesse phy-
25 siologique, de faiblesse financière, et qu'on se dit que, demain peut-être,
faute de quelques précautions, faute d'accords qui les obligent à réfléchir le
temps nécessaire pour se détourner de la guerre, ils pourraient être rejetés
encore les uns contre les autres dans de pareilles convulsions! Mais que
resterait-il donc de ces malheureux peuples si une nouvelle guerre survenait?
30 Je vous le dis simplement, faisant appel à votre raison, à vos cœurs et à votre
patriotisme: Locarno, c'est ce qui peut empêcher cela. Locarno, c'est une
barrière contre l'irréflexion. Locarno, c'est la nécessité de discuter. C'est,
pour les peuples, la possibilité de se donner une raison de ne pas tomber
aveuglément les uns sur les autres.
35 Ne serait ce que cela, Messieurs, ce serait énorme.

Dans: Journal Officiel; Débats Parlementaires, No. 33, Paris 1926 (extrait du texte)

Annotations:

une rive: un bord (Ufer); le lac Majeur: Lago Maggiore (See in Oberitalien); planter qc:
etw. pflanzen; une complaisance: *ici:* Zufriedenheit; un ombrage *m:* schattiges
Laubwerk; un germe: Keim; soulever qc: lever (hochheben); la surface du sol:
Erdoberfläche; une motte: (Erd-) Scholle; croître: pousser (wachsen); ensanglanté, e: *ici:*
blutig (→ sang); effroyable: horrible, terrible; restreindre: begrenzen; un épuisement:
Erschöpfung; une secousse: un choc (Erschütterung); une crainte: Furcht (→ craindre);
une convulsion: Zuckung; empêcher qc: éviter (verhindern); une barrière: Schranke; une
irréflexion: inconséquence (Unüberlegtheit)

Devoirs:

1. Résumez le texte en vos propres mots. (Vgl. dazu die Ausführungen zur
   Textgliederung und zum Résumé, Seite 9 ff.)
2. Quel est le but de l'orateur?
3. Par quels moyens stylistiques veut-il l'atteindre?

Erarbeiten Sie den Beispieltext zunächst unter sprachlichem Gesichtspunkt.

Ausführung:

1. Informieren Sie sich bei politischen Reden grundsätzlich über den historischen Hintergrund, da sonst die Intention des Autors unverständlich bleibt.
2. Bei der Abfassung des Résumés orientieren Sie sich an den Ausführungen
   im Kapitel „Résumé".

3. Einige wesentliche Stilmittel finden Sie auf Seite 32 f. im Merkkasten. Sie kennen sie sicherlich bereits aus dem Deutschunterricht. Prägen Sie sich die französischen Entsprechungen ein.

4. Achten Sie bei Ihren Ausführungen zu den rhetorischen Stilmitteln grundsätzlich darauf, dass diese eine bestimmte Funktion für die Intention des Redners besitzen; er will nämlich überzeugen oder überreden, den politischen Gegner herabwürdigen, die eigene Position aufwerten etc.

5. Zum Verfassen der Textaufgabe „Analyse de discours" benötigen Sie einen Mindestwortschatz von Redemitteln, deren Anwendung nötig ist, um eine sachgemäße Interpretation zu gewährleisten.

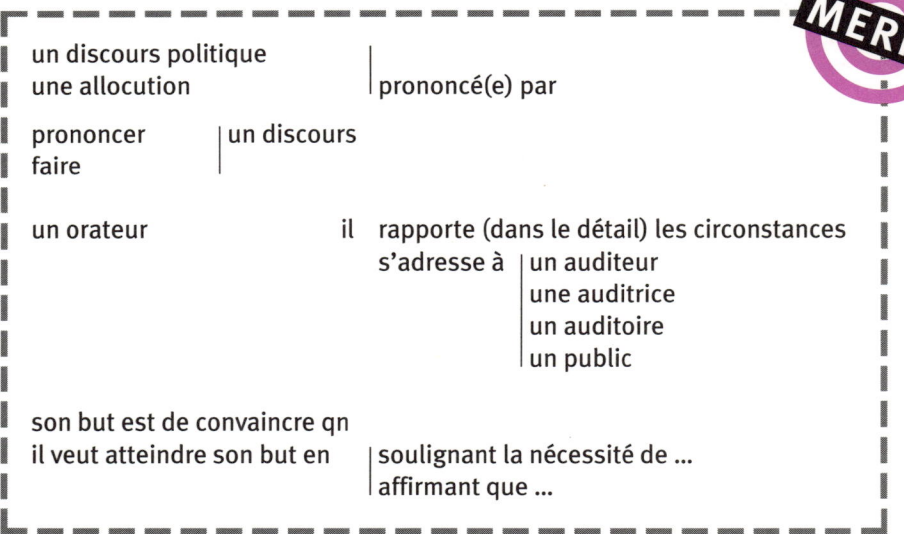

MERKE

un discours politique une allocution		prononcé(e) par
prononcer faire	un discours	
un orateur	il	rapporte (dans le détail) les circonstances s'adresse à un auditeur une auditrice un auditoire un public
son but est de convaincre qn il veut atteindre son but en		soulignant la nécessité de ... affirmant que ...

Analyse du discours d'Aristide Briand

Im **Einleitungssatz** werden Angaben zur Bibliographie und zur historischen Einordnung der Rede geliefert:

Le texte est tiré du discours d'Aristide Briand, président du Conseil des ministres, prononcé devant la chambre des Députés, le 26 février 1926, quelques jours après la conclusion du traité de Locarno.

Danach wird ein **inhaltsüberschauender Satz** formuliert, in dem das Thema des Redners genannt wird:

Dans ce discours, Briand énumère les avantages du traité pour convaincre les députés de la nécessité de voter en sa faveur.

Im Folgenden wird der Textaufbau beschrieben, wie er in einem **strukturierten Résumé** (*plan du texte,* s. S. 14) verlangt wird.

Einleitung / Introduction:
Le texte se divise en quatre parties.
Dans la première qui va du début à la ligne 7, Briand compare le traité au germe d'un olivier qu'il faut protéger contre la brutalité d'une destruction.

Hauptteil / Développement:
Dans la deuxième partie(de la ligne 8 à la ligne 12), il évoque ses sentiments ambivalents au moment où il s'est rendu à Locarno pour y traiter avec la délégation allemande. Il développe son idée en disant que les puissances ont trouvé une nouvelle base sur laquelle ils veulent construire leurs rapports dans l'avenir: celle de l'Europe.
Dans le troisième paragraphe (l. 13 – 30), il fait penser aux guerres du passé et souligne les conséquences désastreuses qui en résultent par suite, aussi bien pour les vaincus que pour les vainqueurs.

Schluss / Conclusion:
La dernière partie sert de conclusion: Pour éviter de tels malheurs il faut accepter le traité de Locarno qu'il considère comme une chance pour un meilleur avenir.

Die hervorgehobenen Redewendungen dienen der Präzision der Aussage. Es wird empfohlen, diese zu lernen.

Le but du discours:
Nun wird dargestellt, worin die Redeziele, das sind Briands politische Absichten, bestehen. Hierzu ist es unbedingt notwendig, den historischen Hintergrund zu kennen. Ziel Briands ist die Aussöhnung mit Deutschland im Rahmen einer europäischen Verständigung. Dieser Sachverhalt wird zusammengefasst dargestellt.

Par ce discours, Briand veut convaincre les députés de voter pour le traité de Locarno. C'est-à-dire qu'il leur demande d'approuver sa politique extérieure par laquelle il espère éviter les effets de la guerre et leurs résultats fatals pour la France. Il veut <u>atteindre ces buts</u> en ouvrant un chemin pour une nouvelle ère politique de <u>réconciliation</u> franco-allemande dans le cadre européen.

Analyse des moyens stylistiques:
Nun werden die rhetorischen Stilmittel, die Briands Absichten unterstreichen, dargelegt und deren Funktion erklärt.

Dazu formuliert man zunächst eine

Überleitung / Transition:
<u>Pour</u> <u>atteindre</u> <u>ce</u> <u>but</u> / <u>cet</u> <u>objectif</u> /, <u>il</u> <u>utilise</u> des moyens recherchés de <u>persuasion</u>.
Au premier paragraphe, <u>il souligne l'idée</u> que ce traité n'est pas encore un grand succès, mais un début modeste qui offre, néanmoins, la possibilité d'un meilleur avenir pour l'Europe.

Im Folgenden werden auffällige Stilfiguren herausgegriffen und deren Funktion erläutert.

– **Métaphore**
Pour exprimer cette idée, il se sert de la métaphore du «germe d'un olivier» (l. 4) l'arbre symbolisant la paix. Par cette image traditionnelle, Briand veut mettre en valeur le début d'une nouvelle époque qui met fin à la guerre du passé et permet le début / le commencement d'une ère / époque de paix. Cet état est encore fragile, le germe a besoin d'être protégé pour pouvoir pousser / s'épanouir. Mais par ce traité, la paix a la chance de se développer en Europe si personne n'empêche son épanouissement par un acte brutal, c'est-à-dire, par le déclenchement d'une nouvelle guerre.
Pour éviter que les adversaires du traité puissent lui reprocher de ne pas respecter les sentiments patriotiques des Français (l. 8), il parle de ses propres sentiments ambivalents au moment où il a rencontré la délégation allemande. L'ancien ennemi devient, par ce traité, membre des Nations Unies et dispose désormais de tous les droits, car l'Allemagne entre dans la famille des peuples libres et démocratiques. L'avenir s'établit sur une nouvelle base: celle de l'Europe (l. 11).

– **Apostrophe**
Pour exprimer ces idées, il s'adresse directement aux députés et utilise des questions rhétoriques (l. 8 – 10) par lesquelles il veut éviter le moindre doute concernant son attitude patriotique et souligner la sincérité de ses motifs.

– **Enumération**

Il évoque la douleur, le malheur du passé en énumérant la souffrance pendant la guerre et les conséquences pour le temps d'après-guerre, c'est-à-dire un affaiblissement général dans tous les pays concernés – les vaincus aussi bien que les vainqueurs – qui ont payé trop cher pour cette victoire (une victoire à la Pyrrhus) (l. 21 / 22).

– **Exclamation**

Il souligne son intention en employant des exclamations (l. 20 / 21),

– **Parallélisme / Gradation**

des constructions parallèles (l. 23 / 24), des gradations (l. 31) et termine par une question (l. 28 / 29), dans laquelle la position inhabituellement préposée de l'adjectif «malheureux» souligne l'effet émotionnel de son discours.

Cette question mène à une conclusion (l. 31 – 35) par laquelle il résume le sens fondamental du traité de Locarno dont l'objectif est l'obligation d'éviter (le déclenchement d') une nouvelle guerre.

– **Apostrophe / Mise en valeur / Anaphore**

Pour en convaincre les députés, il s'adresse directement à eux (l. 31), en affirmant qu'il s'agit d'un acte à la fois raisonnable, humanitaire et patriotique. Il met ses arguments en valeur par l'emploi anaphorique du mot Locarno, c'est-à-dire sa répétition au début de trois phrases suivantes (l. 32 / 33).

Nun können Sie nach dem gleichen Muster die Reden von Charles de Gaulle: «Affiche: A tous les Français» und François Mitterrand «Le discours prononcé à Bonn le 20 janvier 1983» analysieren. Vorschläge zur Lösung finden Sie im Lösungsheft.

Übungstexte

8 Vorbemerkung:

Bei dem folgenden Text handelt es sich um ein Plakat, das den gleichen Prinzipien folgt wie die politische Rede. In diesem speziellen Fall wird zunächst das Äußere des Flugblattes beschrieben, da dessen graphische Gestaltung u. a. die Intentionen des Verfassers mitverdeutlicht.

Affiche du Général de Gaulle: A tous les Français (juillet 1940)

5

10

15

20

Dans: Discours et messages. Tome 1: Pendant la guerre 1940 – 46.
Plon, Paris 1970, p. 19 – 20

Annotations:

un gouvernement de rencontre: Regierung, die durch Zufall an die Macht gekommen ist;
céder: se soumettre; livrer: abandonner; une servitude: Knechtschaft (→ servir); donner:
ici: combattre; écraser: *ici:* vaincre; un sacrifice: Opfer; un péril: un danger

Devoirs:

1. Décrivez l'affiche.
2. Faites le plan du texte.
3. Analyse
   a) Expliquez les phrases: «La France a perdu une bataille! Mais la France n'a pas perdu la guerre!»
   b) Dégagez l'intention du général de Gaulle et expliquez par une analyse approfondie des moyens stylistiques, du ton et du plan argumentatif, comment il veut atteindre son but.

EXERCICE

9

Extrait du discours de François Mitterrand, prononcé à Bonn, le 20 janvier 1983

Qui aurait pu imaginer après tant de combats, oui, qui aurait pu imaginer qu'un jour, dans ce dernier quart du XXe siècle, l'Allemagne et la France se retrouveraient non pas pour célébrer l'anniversaire d'une bataille, d'une trêve ou d'un traité de paix, mais celui de la réconciliation?

5 Il a fallu les malheurs les plus cruels, de barbares dictatures, une France occupée, une Allemagne écartelée, une Europe divisée, dévastée, épuisée, pour que le refus de tels déchirements devint la volonté commune des Européens, oui, mais d'abord des Allemands et des Français.

Alors on s'interroge. Pourquoi cette sorte de régularité du malheur, qui avait
10 fini par faire de nos deux peuples comme des ennemis héréditaires, séparés par une haine inscrite dans la conscience populaire profonde? Et pourtant, même aux pires moments, il y eut à ces longs désastres un admirable contrepoint: les meilleurs de nos créateurs et de nos artistes ne cessèrent jamais de réagir les uns aux autres, de composer les chapitres d'un dialogue
15 presque unique, tour à tour déchirant, apaisant, toujours déterminant.

Je pense qu'aucune réponse ne sera donnée à ces questions, hors d'une seule: ce n'est pas en allant dans le sens de la division, du chacun pour soi, du nationalisme, de l'isolement ou de la méconnaissance que nous trouverons les voies qui seront profitables aux peuples que nous représentons.
20 C'est dans l'unité, la communauté, l'amitié et la compréhension.

Dans: R. Barzel, 25 ans de coopération franco-allemande. Bundespresseamt, Bonn 1988

Annotations:

une trêve: Waffenstillstand; une réconciliation: Aussöhnung; cruel,le: grausam; écarteler qc: teilen; dévaster qc: verwüsten; épuiser: zerrütten; un ennemi héréditaire: Erbfeind; une haine: Hass (→ haïr); apaiser: beruhigen (→ la paix)

Devoirs:
1. Faites le plan du texte.
2. Analysez les moyens stylistiques et leur effet. Quelle est l'intention de l'orateur?

Textes littéraires

Allgemeines

In diesem Kapitel stellen wir nun die wesentlichen Elemente literarischer Texte im eigentlichen Sinne vor und erläutern an ausgewählten Beispielen und gängigen Fragestellungen die Möglichkeiten ihrer Analyse.

Definition:
Fiktionale Texte stellen keine wirklichen Ereignisse dar, sondern eine vom Verfasser gestaltete Wirklichkeit. Hierdurch verfolgt der vom Autor erdachte Erzähler eine oder mehrere Absichten (Intention/en).

Elemente literarischer Texte:
Literarische Texte setzen sich in der Regel aus folgenden miteinander verknüpften Elementen zusammen: einer Handlung, die von Personen in Raum und Zeit ausgeführt und von einem Erzähler berichtet wird.

Aufgabenstellung:
Vor der eigentlichen Textinterpretation wird in der Regel ein Résumé verlangt (s. dazu Kapitel Résumé).
Zur Analyse werden Aufgaben gestellt, in denen das vertiefte Verständnis z.B. zum Handlungsverlauf, zur Personencharakterisierung, zur Bedeutung der Schauplatzgestaltung sowie zur Zeit und zur Erzählperspektive nachgewiesen werden soll.
Die Aufgaben sind in der Regel so formuliert, dass Einzelelemente nicht isoliert voneinander betrachtet werden, sondern in ihrem Beziehungsgeflecht.

Im Folgenden befassen wir uns systematisch mit den Einzelelementen narrativer Texte. Diese werden kurz definiert und mögliche Aufgabenstellungen dazu vorgestellt.

1. Handlung / l'action

In Erzähltexten kann man zwischen handelnden und beschreibenden Textpassagen unterscheiden. Die Handlung treibt ein Geschehen voran und kann, zumindest in der Novelle, dem Roman (außer *nouveau roman*) und im klassischen Drama unter formalen Gesichtspunkten als Spannungsbogen dargestellt werden. Die Struktur zahlreicher Novellen (von Maupassant und Zola z.B.) ähnelt der eines klassischen Dramas.

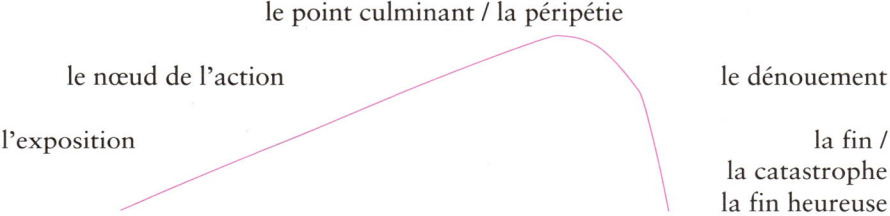

le point culminant / la péripétie

le nœud de l'action

le dénouement

l'exposition

la fin /
la catastrophe
la fin heureuse

Die Beschreibung hingegen dient der Charakterisierung von Raum, Zeit und Personen in bestimmten Situationen, wodurch z.B. eine Retardierung des Geschehens und damit auch der Spannung erfolgt.
Vgl. dazu z.B. Mehdi Charef, Le thé au harem d'Archi Ahmed, S. 48; Le Clézio, La Ronde, S. 52–54.

2. Raum / l'espace

Unter Raum versteht man allgemein den Schauplatz einer Handlung. Das kann einerseits ein konkreter, namentlich genannter geographischer Ort sein, an dem sich ein Geschehen abspielt (Beispiel: à Paris, en banlieue, etc.). Neben dem geographischen Ort kann damit auch auf den Seelenzustand (s.u. *L'Etranger*) und die soziale Herkunft der handelnden Personen angespielt werden, wodurch ein Beitrag zu ihrer Charakterisierung geleistet wird, denn die Handlungsorte haben oft eine nicht zu übersehende Symbolkraft (s.u. *Pierrot noir*).

Der folgende Auszug aus Camus, *L'Etranger* zeigt die Verknüpfung zwischen der Monotonie des Schauplatzes und der inneren Leere des Protagonisten.

Après le déjeuner, *je me suis ennuyé un peu et j' ai erré* dans l'appartement. Il était commode quand maman était là. *Maintenant il est trop grand pour moi* et j'ai dû transporter dans ma chambre la table de la salle à manger. Je ne vis plus que dans cette pièce, entre les chaises de paille un peu creusées,
5 l'armoire dont la glace est jaunie, la table de toilette et le lit de cuivre. *Le reste est à l' abandon.* (...) je me suis mis au balcon.

Ma chambre donne sur la rue principale du faubourg. L'après-midi était beau. Cependant, le pavé était gras, *les gens rares et pressés* encore. C'étaient d'abord *des familles allant en promenade,* deux petits garçons en
10 costume marin, la culotte au-dessous du genou, un peu empêtrée dans leurs vêtements raides, et une petite fille avec un gros nœud rose et des souliers noirs vernis. Derrière eux, une mère énorme, en robe de soie marron, et le père, un petit homme assez frêle que je connais de vue. Il avait un canotier, un nœud papillon et une canne à la main. Et le voyant avec sa femme, j'ai
15 compris pourquoi dans le quartier on disait de lui qu'il était distingué. Un peu plus tard passèrent les jeunes gens du faubourg, cheveux laqués et cravate rouge, le veston très cintré, avec une pochette brodée et des souliers à bouts carrés. *J'ai pensé qu'ils allaient aux cinémas du centre.* C'était pourquoi ils partaient si tôt et se dépêchaient vers le tram en riant très fort.
20 Après eux, *la rue peu à peu est devenue déserte.* (...)
Albert Camus, L'Etranger. © Editions Gallimard, Paris 1962, p. 1139 −40

Die hervorgehobenen Ausdrücke machen die Verbindung zwischen Außenwelt und Seelenzustand sichtbar (*identité entre le monde extérieur et l'état d'âme du héros*).

Im folgenden Textausschnitt aus dem Roman *Le Pierrot noir* von Roger Grenier verdeutlicht der Ich-Erzähler durch die Wegbeschreibung zur elterlichen Fabrik welchen Stellenwert er/seine Eltern (subjektiv) im sozialen Gefüge seiner Heimatstadt einnimmt/einnehmen. Die vornehmlich negative Wortwahl (die Ausdrücke sind hervorgehoben) veranschaulichen seine soziale Selbsteinschätzung.

«Une voûte s'ouvrait sous les maisons d'une *rue tortueuse,* dans la vieille ville. On descendait un *passage raide,* en escaliers. Tout en bas coulait un ruisseau, qu'enjambait un petit pont. De l'autre côté, longeant cette *sorte d'égout,* se dressaient des *maisons branlantes,* avec des escaliers
5 extérieurs et de longs balcons de bois, semblables à ces *atroces auberges* espagnoles (...) Un peu plus loin encore se trouvait notre usine.
Cela aurait valu la peine de faire une enquête. Je suis persuadé qu'il n'y avait pas un sur dix de nos concitoyens pour s'être *aventuré sous la voûte,* et avoir suivi le passage en escaliers jusqu'au ruisseau. La plupart ne devaient
10 même pas soupçonner l'existence de ce quartier. Je m'en félicitais. (...) Certains jours, le passage voûté, sa *descente vertigineuse,* devenait *la casbah* d'Alger (...). D'autres fois, j'imaginais comment il serait s'il laissait échapper de sa gueule une lumière rouge, profonde comme l'éclat du rubis,

l' entrée de l' Enfer. Mais ce n'était qu'un tunnel *sordide, aboutissant à un*
15 *égout*. Dans la cour de notre usine, comme si on avait voulu ajouter une tou-
che de dérision, était planté un *palmier maladif*. Un palmier!»
Roger Grenier, Le Pierrot noir. Gallimard, Paris 1986, p.13

Annotations:

tortueux,se: gewunden; raide: steil; un égout *m*: Abwasserkanal; branlant, e: baufällig;
atroce: affreux, monstrueux; s'aventurer: oser; une voûte: Tonnengewölbe; vertigineux,
se: schwindelerregend; un casbah: *ici:* vieux centre; une geule: Maul, Rachen; un enfer *m:* Hölle; sordide: schmutzig; maladif, ve: kränklich

3. Zeit / temps

Der Erzähler macht in seinem Text direkte bzw indirekte Angaben über die
historische Zeit, in der die Erzählung spielt, z. B. *pendant la Deuxième Guerre
mondiale, à la fin du dix-neuvième siècle* oder: *il était une fois*, etc.

Neben der historischen Dimension kann die Zeit auch symbolischen
Charakter haben *(p. ex.: le printemps = la jeunesse, l'espoir, etc.; l'automne =
la vieillesse, le désespoir, la mort)*.

La chronologie

Das erzählte Geschehen ist in einer zeitlichen Abfolge angelegt, nämlich:
a) chronologisch = l'ordre chronologique *(p. ex.:d'abord, puis, ensuite)*
b) Rückblende = le retour en arrière
c) Vorausschau = l'anticipation *f*

4. Personen / les personnages

le personnage principal, – secondaire; le héros, l' héroïne

Die Personen können sowohl belebte wie unbelebte Wesen sein: *un être
humain, un animal, une plante (p. ex: le conte de fées;* vgl. dazu *Le Petit
Chaperon rouge*, S. 54 f.).

Caractérisations

Die Personen können präsentiert werden:
a) durch den Erzähler: direkte Charakterisierung = *caractérisation directe par
le narrateur* oder
b) durch ihr Handeln: indirekte Charakterisierung = *caractérisation indirecte
par les actions*

Die Charakteristika einer Person können mit Hilfe folgenden Schemas ermittelt werden:

le nom	s'agit-il p.ex. d'un nom évocateur*?
l'âge, le sexe	p. ex.: le rôle de la femme
les dates de sa vie	s'agit-il d'un personnage historique ou contemporain? comment l'époque influence-t-elle sa vie?
l'état civil	célibataire, marié,e, père, mère de famille, divorcé,e
la religion	l'importance pour l'éducation
ses actions	les subit-il ou agit-il activement?
les traits physiques	technique de la description
les traits psychiques	s'agit-il d'un type ou d'un caractère?
le langage	à quel milieu appartient-il?
les vêtements, les repas	indices à décrire: p. ex. le milieu social
le logement	dans quelle rue / dans quel quartier habite-t-il? à quel étage de l'immeuble?
les relations	relations familiales, amicales, amoureuses, sociales
l'évolution d'un personnage	au début ... à la fin

* un nom évocateur: sprechender Name

5. Erzählhaltungen / le narrateur
Das Geschehen wird von einem Erzähler (**Achtung: nicht** identisch mit dem Autor) dargeboten. Die Art und Weise, wie dies geschieht, nennt man Erzählperspektive *(la perspective du narrateur)*.

Les perspectives du narrateur
Es gibt drei Perspektiven:
1. die des allwissenden (auktorialen) Erzählers *(le narrateur omniscient)*
2. die des neutralen Erzählers *(narrateur effacé)*: erzählt wird aus der Außenperspektive wie mit einer Kamera aufgenommen (wie z.B. ein Reporter)
3. die des personalen Erzählers
   a) Er-Erzähler *(narrateur à la troisième personne)*: berichtet wird aus der Perspektive einer beteiligten Person
   b) Ich-Erzähler *(le je-narrateur)*: berichtet nur aus der eigenen Perspektive

6. Stilistische Besonderheiten

Stilmittel s. S. 32 f.

Sprachebenen (Register) / les niveaux de langue

- **Literarische Sprache** (la langue littéraire / recherchée)
  Sie zeichnet sich durch vollständigen Satzbau und gewählte Lexik aus.

- **Standardsprache** (le français standard; langue non-marquée)

- **Umgangssprache** (le français familier)
  eingeschränkte Wortwahl, Verwendung familiärer Ausdrücke; im Bereich der Syntax z. B. Satzellipsen: *je sais pas, faut travailler,* etc. sowie umgangssprachliche Wörter und Redewendungen: *nana, mec, je m'en fous*

- **Argot**
  Da es im heutigen Sprachgebrauch zunehmend schwieriger wird, eine präzise Unterscheidung zwischen dem „français familier" und dem „argot" vorzunehmen, haben wir diese umgangssprachlichen Ausdrucksweisen unter „français familier" eingeordnet.

Wortwahl / choix de mots
Hierbei kann folgendes untersucht werden:
- Verwendung von Adjektiven und Adverbien: *emploi fréquent des adjectifs ou adverbes*
- Nichtverwendung von Adjektiven bzw. Adverbien: *manque d'adjectifs ou d'adverbes*
- differenzierter Gebrauch von Verben außer den Hilfsverben (sein, haben, werden): *emploi nuancé: p. ex. de verbes d'action et d'état; les auxiliaires* être, avoir, devenir *ne jouent pas de rôle décisif.*
- Verwendung von Fachbegriffen: *emploi de termes techniques*
- Häufigkeit des Vorkommens bestimmter Wortarten (Bsp. Possessiva): *emploi fréquent p. ex. des pronoms personnels*

Hinweis:
Wir beschränken uns in diesem Kapitel in der Regel auf die Form der reduzierten Textaufgabe, die aus dem Résumé und der Analyse besteht. Aufgaben zum Commentaire werden hier nicht vorgestellt, sie wurden bereits an anderer Stelle ausführlich erarbeitet (siehe S. 19 ff.). Bei der Aufgabenstellung zu *Le Clézio: La ronde* wurde jedoch eine Kommmentaraufgabe gestellt, um an diesem Beispiel die Gesamtheit des Aufgabenspektrums zu verdeutlichen.

Am folgenden Beispiel zeigen wir, wie unter den Gesichtspunkten einer vorgegebenen Aufgabenstellung ein literarischer Text analysiert wird. Achten Sie
genau auf den Wortlaut der zu bearbeitenden Aufgaben.

Beispieltext:

Mehdi Charef: Se faire le métro

Le contenu du chapitre

*Dans le roman «Le thé au harem d' Archi Ahmed», les deux héros, Madjid, un
jeune Algérien de dix-sept ans, et son copain français Pat, habitent dans une
cité immense de la banlieue parisienne. Ayant échoué à l' école, ils sont au
chômage et décident de faire du vol à la tire dans le métro.*

Voilà qu'un gros type, la quarantaine, sort d'une voiture stoppant à quai,
avec une énorme valise à la main droite. Il sue. Une femme, certainement la
sienne, l'accompagne, qui tient un sac de voyage. Sur le quai, le gars
s'arrête, sort son mouchoir de sa poche et s'essuie le front. Sa femme l'at-
5 tend. Il porte un blouson en skaï qui lui arrive à la ceinture, si bien qu'on voit
son portefeuille dépassant de la poche arrière de son pantalon. Pat le voit et
le montre à Madjid qui aurait plutôt tendance, lui, à regarder les filles.
Le gros suant et sa femme se dirigent vers le couloir de correspondances.
Madjid et Pat aussi. La valise semble lourde pour le type, il change souvent
10 de main. Visiblement sa femme a de la peine pour lui. Elle profite qu'il
s'arrête pour lui passer un coup de mouchoir sur le front. Madjid et Pat les
suivent à distance, marquant le pas quand il faut, faisant mine de regarder
les affiches publicitaires sur les murs du couloir. (...)
Il est déjà presque quatorze heures, heure creuse.
15 La rame montre son nez. Madjid s'avance discrètement derrière le gros.
Celui-ci prend sa valise et fait un pas vers le bord du quai. Pat se lève et des-
cend à moitié la fermeture éclair de son blouson.
La rame stoppe, quelques voyageurs descendent. Le gros monte, suivi de sa
femme. Il prend la lourde valise à deux mains pour la faire glisser. Madjid
20 monte à son tour, frôlant le plus possible le gros au moment où il se baisse
pour reposer son bagage. Madjid en profite pour tirer prestement le portefeuille de sa main gauche et, vite, se retourne contre la portière. Entre Pat et
Madjid, il y a une fille, une belle minette comme Pat les aime, qui s'admire
dans la vitre de la portière, plaquant de la main ses longs cheveux. Madjid

25 passe le portefeuille discrètement à Pat sur sa gauche. Celui-ci quitte sa place, les yeux fixés sur le plan de la ligne de métro au-dessus de la portière.

M. Charef, Le thé au harem d'Archi Ahmed. Mercure de France, folio 1958. Paris 1983, p. 104 – 105 (texte legèrement abrégé)

Annotations:

suer: transpirer; le front: Stirn; le skai: imitation du cuir; l'heure creuse: partie de la journée où il y a peu de circulation; la rame: groupe de wagons; la fermeture éclair: Reißverschluss; frôler qn: toucher légèrement qn; preste: rapide; une minette *fam.:* une jeune fille habillée à la mode; plaquer: *ici:* glatt streichen

Devoirs:

I. Compréhension
Situez le texte et divisez-le en plusieurs parties.

II. Analyse
   1. Caractérisez les personnages:
      a) Combien de groupes y a-t-il?
      b) Dégagez la technique de caractérisation et la perspective du narrateur.
      c) Analysez le vocabulaire et la syntaxe. Qu'est-ce qui en résulte?
   2. Quelle est la fonction des passages descriptifs?
   3. Quelles est l'intention du narrateur?

Ausführung:

I. Compréhension

Grundsätzlich gibt man zunächst an, in welchen größeren Textzusammenhang der Textabschnitt einzuordnen ist. Dadurch erhält der Leser einen ersten Einblick in das Geschehen. Er weiß also, dass es sich bei dem vorgegebenen Beispiel um einen Romanausschnitt handelt.

1. Situierung
Le texte est un extrait tiré du roman «Le thé au harem d'Archi Ahmed» écrit par Mehdi Charef.

Danach folgt der inhaltsüberschauende Satz, in welchem Sie das Thema des zu bearbeitenden Textes benennen. Damit setzen Sie den Leser darüber in Kenntnis, worum es auf der Inhaltsebene in dem besagten Abschnitt geht.

2. Inhaltsüberschauender Satz
Dans ce passage le narrateur décrit le vol d'un portefeuille dans le métro, commis par (les) deux jeunes, Pat et Madjid.

Nun beschreiben Sie den Textaufbau.

3. Division du texte
On peut diviser le texte en quatre parties.
Dans la première qui va du début jusqu'à la ligne 7, un voyageur de métro et sa femme attirent l'attention de deux jeunes.
Dans le deuxième paragraphe (l. 8 à la ligne 13) le narrateur décrit comment les deux jeunes suivent le couple dans les couloirs du métro.
Dans le troisième et quatrième paragraphe (l. 15 – 26), le narrateur raconte dans le détail les circonstances du vol.

Um dem Leser ganz klar zu machen, wo ein Sinnabsatz beginnt, wo er endet, fügen Sie in Klammern die notwendigen Zeilenangaben hinzu. Dadurch vermeiden Sie Unstimmigkeiten.

Nach diesen Präliminarien, mit denen Sie gezeigt haben, dass Sie den Text inhaltlich richtig verstanden haben und ihn auch angemessen zu gliedern / zu beschreiben verstehen, wenden Sie sich nun der eigentlichen Textanalyse zu.
Normalerweise verfertigen Sie einen zusammenhängenden Text, es sei denn, man erwartet ausdrücklich von Ihnen, dass Sie die Fragen einzeln beantworten.
Damit Sie aus der Beispielanalyse genau ersehen können, auf welchen Aufgabenteil sich die Textproduktion bezieht, wurde der schriftlich verfasste Text untergliedert (vgl. Aufgabenstellung).

II. Analyse

1. a) Dans ce passage du texte on peut distinguer deux groupes. D'un côté, il y a le couple qui subit l'action, le vol et de l'autre les deux jeunes qui le commettent. En outre, il y a encore la jeune fille qui, paraît-il, se comporte indifféremment.
   b) En ce qui concerne la caractérisation du couple, on constate l'amabilité de la femme envers son mari qui lui «passe un coup de mouchoir sur le front» (l. 11) pour enlever la sueur. Le narrateur la caractérise de façon indirecte, par ses actions. Son mari, cependant, est caractérisé de manière directe: il est «gros» (l. 1), a environ quarante ans, porte un blouson en skaï (l. 5), ce qui montre qu'il appartient vraisemblablement à la classe moyenne,

peut-être à la petite bourgeoisie. Le fait que le portefeuille est mis dans la poche arrière d'où il dépasse (voir l. 6) laisse penser que cet homme a un caractère plutôt négligent.

Les deux jeunes, eux aussi, sont caractérisés de façon indirecte par leur comportement: Pat prend l'initiative en montrant le portefeuille à son copain Madjid qui, d'abord, est peu intéressé puisqu'il aimerait «regarder les filles» (l. 7). Mais plus tard dans le métro, c'est lui qui vole le porte-feuille et le passe aussitôt à Pat.

La «belle minette» (l. 23) ne joue qu'un rôle secondaire. Elle se comporte indifféremment vis-à-vis du vol.

Bei der Erarbeitung folgt man normalerweise der Textchronologie / dem Textverlauf, stellt das Herausragende fest, indem man es beschreibt, fügt eventuell das dazugehörige Zitat zur Veranschaulichung an und vervollstän-digt die „Beweisführung", indem man aus dem Dargelegten die Bedeu-tung / das Gemeinte ableitet.

ACHTUNG

Die im Text angeführten Zitate dienen der Beweisführung. An ihre Stelle können auch Textverweise treten.

---

c) Nun wird dargelegt, was einem bei der Wortwahl auffällt. Das setzt natürlich voraus, dass Sie die hier verwendeten Wörter auch den dazu-gehörigen Registern zuordnen können. Im Zweifelsfall können Sie aber auch kurz darlegen, warum Sie meinen, dass ein bestimmter Begriff u. U. der Hochsprache oder eher der *langue familière* angehört. Gleiches gilt natürlich auch für die Syntaxverwendung.

Ce qui frappe dès la première lecture, c'est le choix du vocabulaire plutôt restreint qui appartient au français familier, par exemple: «gros type», «le gars» (l. 1, l. 3).
La syntaxe aussi est assez simple, on y trouve des phrases courtes et par-tiellement incomplètes, et très peu de conjonctions subordonnées. On peut en déduire que les deux protagonistes appartiennent à un milieu social modeste, simple, voire défavorisé.

2. Im folgenden Abschnitt geben Sie kurz Auskunft über die Funktion dieser Textstelle. Indem der Erzähler die Personen und deren Verhalten beschreibt, dehnt er die Zeitdauer aus, die benötigt wird, um den Geldbeutel zu stehlen. Dadurch entsteht Spannung. Denn der Leser fragt sich sofort: Was wird geschehen? Die Erzählperspektive dient der neutralen

Beschreibung des Vorfalls, ohne die Protagonisten und deren Verhalten zu werten, wodurch ein zusätzliches Spannungsmoment entseht.

Le fait que l'histoire est racontée de la perspective d'un narrateur omniscient, permet une plus grande distance et objectivité et sert par là aussi au suspense du côté du lecteur.
Les passages descriptifs ont la fonction de ralentir l'action ce qui contribue à l'augmentation de la tension, du suspense.

3. Zum Schluss bewerten Sie die Autorenabsicht, das heißt, Sie müssen sich überlegen, was der Autor beabsichtigt hat, indem er Personen wie Handlung so angelegt hat.
  In diesem Textabschnitt fällt auf, dass die beiden Jugendlichen zwei verschiedenen Kulturkreisen angehören. Daraus lässt sich schließen, dass der Autor eben nicht darauf verweist, dass „Ausländer" häufiger straffällig werden, sondern dass Straffälligkeit mit ganz anderen Problemen zusammenhängen kann, z.B. mit Armut.

L'intention du narrateur est de montrer que la délinquance juvénile n'est pas une question de race. Les deux jeunes, Pat et Madjid, sont d'après leurs prénoms respectivement français et maghrébin. Ils deviennent tous les deux coupables, et ceci indépendamment de leurs origines. On peut en conclure que la criminalité, d'après le narrateur, est due au milieu défavorisé dans lequel ils vivent.

Den folgenden Übungstext von Le Clézio sollten Sie jetzt schrittweise nach dem hier vorgelegten Muster analysieren. Gehen Sie zunächst ruhig schematisch vor. Nach einiger Übung können Sie dann versuchen, zur zusammenhängenden Textproduktion überzugehen.

Übungstexte

EXERCICE
10
J.M.G. Le Clézio, La ronde

[...] Tout cela est à cause d'elle, d'elle seule: la dame en tailleur bleu attend l'autobus, sans regarder les jeunes filles, un peu comme si elle dormait. Elle a un visage rouge parce qu'elle a marché au soleil, et sous la veste de son tailleur bleu, son chemisier blanc colle à sa peau. Ses petits yeux sont enfon-
5 cés dans ses orbites, ils ne voient rien, ou à peine, furtivement, vers le bout de la rue où doit venir le bus. Au bout de son bras droit, elle balance un peu son sac à main de cuir noir, marqué d'un fermoir en métal doré qui envoie des éclats de lumière. Ses chaussures sont noires également, un peu arquées sous le poids du corps, usées en dedans.

10 Martine regarde la dame en tailleur bleu avec tellement d'insistance que celle-ci tourne la tête. Mais ses yeux petits sont cachés par l'ombre de ses arcades sourcilières, et Martine ne peut pas rencontrer son regard. Pourquoi chercher à saisir son regard? Martine ne sait pas ce qui est en elle, ce qui la trouble, ce qui l'inquiète et l'irrite à la fois. C'est peut-être parce qu'il y a trop
15 de lumière ici, cruelle et dure, qui alourdit le visage de cette femme qui fait transpirer sa peau, qui fait briller les rayons aigus sur le fermoir doré de son sac à main?

Tout d'un coup, Martine donne un coup d'accélérateur, et le vélomoteur bondit sur la chaussée. Aussitôt elle sent l'air sur son visage, et la stupeur s'ef-
20 face. Elle roule vite, suivi de Titi. Les deux vélomoteurs avancent avec fracas sur la chaussée déserte, s'éloignent. La dame en bleu les suit un instant du regard, elle voit les vélomoteurs deux rues plus loin, à droite. Le bruit aigu des moteurs s'éteint soudain.

La dame en tailleur bleu attend toujours. Elle vient de consulter sa montre
25 pour la troisième fois, mais les aiguilles semblent s'être bloquées sur cette insuffisance: une heure vingt-cinq. Elle regarde, simplement, parfois un vélomoteur qui passe en faisant son bruit de chaîne, parfois une auto qui glisse sur l'asphalte, avec ce bruit de rue mouillée.

Martine roule devant Titi, elle fonce à travers les rues vides, elle penche
30 tellement son vélomoteur dans les virages que le pédalier racle le sol en envoyant des gerbes d'étincelles. Titi suit à quelques mètres, ses cheveux rouges tirés par le vent, ivre, elle aussi, de vitesse et l'odeur des gaz.

Maintenant les vélomoteurs vont tout droit, en jetant vite en arrière tous ces immeubles, ces arbres, ces squares, ces carrefours. La dame en tailleur bleu
35 est seule, au bord du trottoir, comme si elle dormait. Les vélomoteurs roulent tout près du trottoir, dans le ruisseau. Le cœur ne bat plus la chamade. Il est calme, au contraire, et les jambes ne sont plus faibles, les mains ne sont plus moites. Les vélomoteurs roulent au même rythme, l'un à côté de l'autre, et leur bruit est tellement à l'unisson qu'il pourrait faire crouler les ponts et
40 les murs des maisons.

Presque sans ralentir, le premier vélomoteur est monté sur le trottoir, il s'approche de la dame en bleu. Quand cela se passe, et juste avant de tomber, la dame regarde Martine qui roule devant elle dans le ruisseau, elle la regarde enfin, ses yeux grands ouverts. Mais cela ne dure qu'un centième de
45 seconde, et ensuite il y a ce cri qui résonne dans la rue vide, ce cri de souffrance et de surprise, tandis que les deux vélomoteurs s'enfuient vers le carrefour.

Il y a à nouveau le vent chaud qui souffle, le cœur qui bondit dans la cage thoracique, et dans la main de Martine serrée sur le sac à main noir, il y a la
50 sueur. Le vide, surtout, au fond d'elle, car la ronde est finie, l'ivresse ne peut plus venir. Loin devant, Titi s'échappe, ses cheveux rouges flottant dans le

vent. Son vélomoteur est plus rapide, et elle passe le carrefour, elle s'en va.
[...]
Dans: M.G. Le Clézio, La ronde et autre faits divers. Nouvelles. © Editions Gallimard,
Paris 1982, p. 15–20 (texte abrégé)

Annotations:

un tailleur: Kostüm; coller: kleben; enfoncer dans: *ici:* tief einziehen; un orbite:
Augenhöhle; furtivement: en secret; un fermoir: Verschluss; doré: en or; un éclat de
lumière: *ici:* Funke; arquer: courber; user: utiliser (hier: abnützen); en dedans: à
l'intérieur; une arcade sourcilière: Augenbrauenbogen; troubler qn: déranger qn; alour-
dir: devenir plus lourd; transpirer: schwitzen; un coup d'accélérateur: Gas geben; bondir:
sauter; une stupeur: l'étonnement *m;* un fracas: le bruit; une aiguille *f:* Zeiger; foncer
fam.: rasen; pencher: (sich) neigen; racler: gratter; une gerbe: Garbe; une étincelle:
Funke; ivre: (be-)trunken; battre la chamade: heftig klopfen (Herz); moite: feucht; à l'u-
nisson: en harmonie; crouler: tomber; résonner: sonner (widerhallen); une souffrance:
→ souffrir; la cage thoracique: Brustkorb; s'échapper: s'enfuir

Devoirs:
1. Résumez le texte.
2. Analyse
   a) Analysez la perspective du narrateur.
   b) Caractérisez la dame et les deux jeunes filles.
   c) Expliquez le titre du récit.
3. Commentaire (vgl. S. 19 ff.)
   La délinquance juvénile est un problème actuel. Quelles en sont, d'après
   vous, les causes et quels remèdes proposeriez-vous?

EXERCICE

11

Un conte de fées: Charles Perrault, Le Petit Chaperon Rouge

Il était une fois une petite fille de Village, la plus jolie qu'on eût su voir; sa
mère en était folle, et sa mère-grand plus folle encore. Cette bonne femme
lui fit faire un petit chaperon rouge, qui lui seyait si bien, que partout on l'ap-
pelait le Petit Chaperon rouge.
5 Un jour, sa mère, ayant cuit et fait des galettes, lui dit: «Va voir comme se
porte ta mère-grand, car on m'a dit qu'elle était malade, porte-lui une
galette et ce petit pot de beurre.» Le Petit Chaperon rouge partit aussitôt
pour aller chez sa mère-grand, qui demeurait dans un autre Village. En pas-
sant dans un bois elle rencontra compère le Loup, qui eut bien envie de la
10 manger; mais il n'osa, à cause de quelques bûcherons qui étaient dans la
Forêt. Il lui demanda où elle allait; la pauvre enfant qui ne savait pas qu'il est

dangereux de s'arrêter à écouter un Loup, lui dit: «Je vais voir ma mère-grand, et lui porter une galette avec un petit pot de beurre que ma mère lui envoie. – Demeure-t-elle bien loin? lui dit le Loup. – Oh! oui, dit le Petit
15 Chaperon rouge, c'est par-delà le Moulin que vous voyez tout là-bas, là-bas, à la première maison du Village. – Eh bien, dit le Loup, je veux l'aller voir aussi; je m'y en vais par ce chemin ici, et toi par ce chemin-là, et nous verrons qui plus tôt y sera.»
Le Loup se mit à courir de toute sa force par le chemin qui était le plus court,
20 et la petite fille s'en alla par le chemin le plus long, s'amusant à cueillir des noisettes, à courir après des papillons, et à faire des bouquets des petites fleurs qu'elle rencontrait. Le Loup ne fut pas longtemps à arriver à la maison de la mère-grand; il heurte: Toc, toc. «Qui est là? – C'est votre fille le Petit Chaperon rouge (dit le Loup, en contrefaisant sa voix) qui vous apporte une
25 galette et un petit pot de beurre que ma mère vous envoie.»
La bonne mère-grand, qui était dans son lit à cause qu'elle se trouvait un peu mal, lui cria: «Tire la chevillette, la bobinette cherra.» Le Loup tira la chevillette, et la porte s'ouvrit. Il se jeta sur la bonne femme, et la dévora en moins de rien; car il y avait plus de trois jours qu'il n'avait mangé. Ensuite il ferma la
30 porte, et s'alla coucher dans le lit de la mère-grand, en attendant le Petit Chaperon rouge, qui quelque temps après vint heurter à la porte. Toc, toc. «Qui est là?» Le Petit Chaperon rouge, qui entendit la grosse voix du Loup, eut peur d'abord, mais croyant que sa mère-grand était enrhumée, répondit: «C'est votre fille le Petit Chaperon rouge, qui vous apporte une galette et un
35 petit pot de beurre que ma mère vous envoie.» Le Loup, lui cria en adoucissant un peu sa voix: «Tire la chevillette, la bobinette cherra.» Le Petit Chaperon rouge tira la chevillette, et la porte s'ouvrit. Le Loup, la voyant entrer, lui dit en se cachant dans le lit sous la couverture: «Mets la galette et le petit pot de beurre sur la huche, et viens te coucher avec moi.»
40 Le Petit Chaperon rouge se déshabille, et va se mettre dans le lit, où elle fut bien étonnée de voir comment sa mère-grand était faite en son déshabillé. Elle lui dit: «Ma mère-grand, que vous avez de grands bras! – C'est pour mieux t'embrasser, ma fille. – Ma mère-grand, que vous avez de grands jambes! – C'est pour mieux courir, mon enfant. – Ma mère-grand, que vous avez
45 de grandes oreilles! – C'est pour mieux écouter, mon enfant. – Ma mère-grand, que vous avez de grandes dents! – C'est pour mieux te manger.» Et en disant ces mots, ce méchant Loup se jeta sur le Petit Chaperon rouge, et la mangea.

Dans: Contes de ma mère l'Oye. © Editions Gallimard, folio, junior, Paris 1977, p. 43–46

Annotations:

seoir (vx. = veraltet *vieux*): aller, convenir; cuire: kochen; une galette: (Blätterteig-) Kuchen; une mère-grand (vx.): grand-mère; demeurer: habiter; un compère (vx.): un ami; un bûcheron: Holzfäller; un petit pot: Töpfchen; par delà: plus loin que; un moulin: Mühle; une noisette: Haselnuss; un papillon: Schmetterling; heurter: *ici:* frapper à la porte; contrefaire: nachahmen; une chevillette: *ici:* Stift; une bobinette: *ici:* pièce de bois qui fermait les portes ; choir (vx.): tomber; dévorer qn: manger (verschlingen); une grosse voix: laute Stimme; être enrhumé: Schnupfen haben; adoucir: rendre plus doux; une huche: Brotkasten; un déshabillé: tenue légère qu'on porte chez soi

Devoirs:

1. Résumez le texte.
2. Analyse
   a) Etudiez les personnages, le lieu de l'action et le temps dans ce conte de fées.
   b) Analysez le temps du récit.
   c) Comparez la version de Perrault avec celle des frères Grimm.

Le théâtre

Allgemeines

Bei der Interpretation dramatischer Szenen geht es im Wesentlichen darum, die Figuren und deren Handlungsweisen zu charakterisieren sowie ihren Seelenzustand zu beschreiben. Daraus kann dann die Intention des Autors ermittelt werden. Diese Charakterisierung kann <u>direkt</u> vorgenommen werden, das heißt, der Protagonist stellt sich selbst dar oder seine Handlungsweisen werden von anderen eingeschätzt. Von <u>indirekter</u> Charakterisierung spricht man dann, wenn der Zuschauer aus dem Geschehen Rückschlüsse auf Wesensmerkmale des / der Helden ziehen muss.

In den beiden folgenden Interpretationsansätzen stehen solche Aufgabenstellungen im Vordergrund. Da Sie das Vorgehen mittlerweile kennen, wird nicht mehr explizit erklärt, wie man zu dem jeweiligen Teilergebnis gelangt. Ihre Aufgabe besteht nicht mehr darin, die Textvorlage zu erarbeiten und nachzuvollziehen, zu welchen Ergebnissen man in der Analyse gelangt. Sie sollten nun entsprechende Lernfortschritte gemacht haben, die Sie in die Lage versetzen, ausgehend vom Textbeispiel die Musterlösung selbständig nachvollziehen zu können.

Lesen Sie also zunächst aufmerksam den Textabschnitt durch. Markieren Sie selbständig, was Ihnen auffällt. Befassen Sie sich dann mit der Aufgabenstellung und deren Lösung.

Beispieltexte

Molière: Les fourberies de Scapin, Acte 1, scène 1

Octave: Ah! fâcheuses nouvelles pour un cœur amoureux! Dures extrémités où je me vois réduit! Tu viens, Sylvestre, d'apprendre au port que mon père revient?

Sylvestre: Oui.

5 Octave: Qu'il arrive ce matin même?

Sylvestre: Ce matin même.

Octave: Et qu'il revient dans la résolution de me marier?

Sylvestre: Oui.

Octave: Avec une fille du seigneur Géronte?

10 Sylvestre: Du seigneur Géronte.

Octave: Et que cette fille est mandée de Tarente ici pour cela?

Sylvestre: Oui.

Octave: Et tu tiens ces nouvelles de mon oncle?

Sylvestre: De votre oncle.

15 Octave: A qui mon père les a mandées par une lettre?

Sylvestre: Par une lettre.

Octave: Et cet oncle, dis-tu, sait toutes nos affaires?

Sylvestre: Toutes nos affaires.

Octave: Ah! parle, si tu veux, et ne te fais point de la sorte arracher les mots
20 de la bouche.

Sylvestre: Qu'ai-je à parler davantage? Vous n'oubliez aucune circonstance, et vous dites les choses tout justement comme elles sont.

Octave: Conseille-moi, du moins, et dis ce que je dois faire dans ces cruelles circonstances.

25 Sylvestre: Ma foi, je m'y trouve autant embarrassé que vous, et j'aurais besoin que l'on me conseillât moi-même.

Octave: Je suis assassiné par ce maudit retour.

Sylvestre: Je ne suis pas moins.

Octave: Lorsque mon père apprendra les choses, je vais voir fondre sur moi
30 un orage soudain d'impétueuses réprimandes.

Dans: Molière, Œuvres complètes. Ed. du Seuil, Paris 1962, p. 568

Annotations:

une fourberie: Schelmenstück; être réduit à une extrémité: zum Äußersten gezwungen sein; mander qn: donner ordre à qn de venir; mander qc: faire savoir qc par lettre; embarrasser qn: mettre qn dans une situation difficile; assassiner qn: tuer qn; maudit: détestable; haïssable; fondre: *ici:* niederprasseln; un orage: Gewitter; impétueux, se: violent et rapide; une réprimande: *ici:* un vif reproche

Devoirs:

1. Résumez le texte.
2. Analyse
   a) du problème et du caractère des personnages clés / héros
   b) du style
   c) des éléments comiques

Textsituierung / inhaltsüberschauender Satz:
Cet extrait est tiré de la première scène du premier acte de la comédie: «Les fourberies de Scapin» de Molière (1622–1673) dans lequel il s'agit d'un projet de mariage.

I. Résumé:
Dans ce dialogue, le valet Sylvestre informe son maître Octave du retour inattendu de son père, accompagné d'une fille du seigneur Géronte. D'après les mots du valet, le père d'Octave est fermement décidé à marier son fils avec cette jeune femme. Celui-ci, cependant, s'y oppose et demande à Sylvestre de l'aider parce qu'il a peur de la réaction violente de son père autoritaire.

II. Analyse:
a) *Analyse du problème et du caractère des personnages clés / héros*
   Dans cet extrait / cette partie de la première scène, il s'agit d'un conflit (typique du 17e siècle) entre un père autoritaire, qui croit [d']avoir le droit de décider de l'avenir de son fils, et celui-ci se sent opprimé par la puissance paternelle. Au lieu d'avoir confiance en lui, Octave s'adresse à son valet pour lui révéler tous ses secrets / projets intimes et sa peur. Dans cette scène deux caractères différents / opposés se montrent, d'une part le valet, calme, réaliste et d'autre part le caractère émotif / sensible d'Octave qui panique se livrant à son désespoir.

b) *Style*
   Les mots d'Octave montrent sa profonde douleur / sa souffrance psychique. Il l'exprime / la met en valeur par des exclamations désespérées et le choix

des adjectifs (fâcheuses, dures, cruelles) (vgl. l. 1, 23) par lesquels il décrit son état d'âme dans cette situation embarrassante. Cette souffrance atteint son point culminant dans le sentiment d'avoir même perdu sa vie. Il se sent «assassiné». Elle lui semble sans valeur face à la critique rigoureuse, violente de son père. Pour l'exprimer, Octave emploie / se sert de la métaphore bien connu: (celle de) l'orage.

c) *Les éléments comiques*

Pour maintenir le ton de la comédie et pour faire rire les spectateurs, Molière utilise dans cet extrait des techniques traditionnelles de caractérisation. La première apparaît dans les réponses / répliques du valet: c'est-à-dire des monosyllabes («oui») et des répétitions des mots / phrases par lesquels il singe / imite son maître.

La deuxième consiste dans le comique de situation: d'un côté l'impatience d'Octave qui aimerait recevoir dans cette scène (retour inattendu du père) des informations supplémentaires, plus détaillées et de l'autre, la réaction impassible / neutre du valet par laquelle il augmente la curiosité / la crainte de son maître.

Celle(s)-ci s'exprime(nt) avec force / atteint (atteignent) son (leur) point culminant / comble quand Octave reproche à son valet d'être obligé / forcé de lui «arracher les mots de la bouche».

Eugène Ionesco: La cantatrice chauve, Scène I

Intérieur bourgeois anglais, avec des fauteuils anglais. Soirée anglaise. M. Smith, Anglais, dans son fauteuil et ses pantoufles anglaises, fume sa pipe anglaise et lit un journal anglais, près d'un feu anglais. Il a des lunettes anglaises, une petite moustache grise, anglaise. A côté de lui, dans un autre fauteuil anglais, Mme Smith,
5 Anglaise, raccommode des chaussettes anglaises. Un long moment de silence anglais. La pendule anglaise frappe dix-sept coups anglais.

Mme Smith: Tiens, il est neuf heures. Nous avons mangé de la soupe, du poisson, des pommes de terre au lard, de la salade anglaise. Les enfants ont bu de l'eau anglaise. Nous avons bien mangé, ce soir. C'est parce que
10 nous habitons dans les environs de Londres et que notre nom est Smith.

M. Smith, *continuant sa lecture, fait claquer sa langue.*

Mme Smith: Les pommes de terre sont très bonnes avec le lard, l'huile de la salade n'était pas rance. L'huile de l'épicier du coin est de bien meilleure qualité que l'huile de l'épicier d'en face, elle est même meilleure que
15 l'huile de l'épicier du bas de la côte. Mais je ne veux pas dire que leur huile à eux soit mauvaise.

M. Smith, *continuant sa lecture, fait claquer sa langue.*

Mme Smith: Pourtant, c'est toujours l'huile de l'épicier du coin qui est la meilleure...

20 M. Smith, *continuant sa lecture, fait claquer sa langue.*

Mme Smith: Mary a bien cuit les pommes de terre, cette fois-ci. La dernière
fois elle ne les avait pas bien fait cuire. Je ne les aime que lorsqu'elles
sont bien cuites.

M. Smith, *continuant sa lecture, fait claquer sa langue.*

25 Mme Smith: Le poisson était frais. Je m'en suis léché les babines. J'en ai pris
deux fois. Non, trois fois. Ça me fait aller aux cabinets. Toi aussi tu en as
pris trois fois. Cependant la troisième fois, tu en as pris moins que les
deux premières fois, tandis que moi, j'en ai pris beaucoup plus. J'ai mieux
mangé que toi, ce soir. Comment ça se fait? D'habitude, c'est toi qui man-
30 ges le plus. Ce n'est pas l'appétit que te manque.

M. Smith, *continuant sa lecture, fait claquer sa langue.*

(...)

Eugène Ionesco, La cantatrice chauve. Anti-pièce suivi de La Leçon. © Editions
Gallimard, folio 236, Paris 1954, p. 11–13

Annotations:

une moustache: Schnurrbart; raccommoder: réparer p. ex. du linge; un lard: Speck; être
rance: ranzig sein; s'en lécher les babines *f*: se réjouir à la pensée d'une idée agréable

Devoirs:

I. Résumez le texte.

II. Analyse
   1) Expliquez ce qui vous frappe dans le titre et dans les indications scéni-
      ques et dites quelle en pourrait être la signification.
   2) Analysez les dires de Mme Smith sur le plan du contenu et de la logique
      traditionnelle / habituelle.
   3) Jugez du comportement du couple.
   4) Comparez la scène de Ionesco avec celle de Molière. Trouvez des dif-
      férences caractéristiques.

I. Résumé:

Cet extrait est tiré de la pièce de théâtre intitulé «La Cantatrice chauve»
d'Eugène Ionesco (1909–1994) où il n'y a qu'une conversation anodine d'un
couple.

Dans les indications scéniques l'auteur présente le lieu de l'action et les personnages principaux, M et Mme Smith, un couple anglais. La pièce commence
par un dialogue des deux protagonistes qui porte sur des banalités quotidien-

nes, le dîner que les deux viennent de prendre avec leurs enfants. C'est Mme Smith qui parle tout le temps alors que son mari se contente de faire du bruit avec sa langue et de continuer la lecture de son journal.

II. Analyse:

1) Déjà le titre de la pièce «La Cantatrice chauve»* frappe le lecteur puisqu'il se compose d'éléments traditionnellement incompatibles. D'habitude, une cantatrice fait penser à une belle dame élégante. Mais cette idée est mise en question par l'adjectif «chauve» qui dans ce contexte étonne le lecteur et le fait rire parce qu'il crée le caractère grotesque du titre.

   Le lecteur est continuellement surpris quand il apprend les détails donnés dans les indications scéniques sur le salon des Smith qui se révèlent comme absurdes (voir l. 1–6), vidées de sens puisqu'on ignore totalement ce qu'il faudrait comprendre par exemple par des pantoufles et des chaussettes anglaises.

   Cette absurdité atteint son point culminant quand la pendule sonne dix-sept fois ce qui met en question la notion du temps.

   * En vérité il s'agissait d'un lapsus linguae.

2) Dans l'exposition c'est Mme Smith qui ne cesse de parler, interrompue seulement par les claquements de langue de son mari. Elle y décrit minutieusement / dans tous les détails le repas familial qui vient de se terminer. Ceci est un sujet totalement banal, sans le moindre intérêt ni pour son mari ni pour le lecteur / spectateur parce qu'il n'a aucune importance pour le déroulement de l'action. Ce ne sont que des platitudes souvent illogiques puisque les raisons qu'elle donne pour le fait qu'ils ont bien mangé (l. 9) sont absurdes et les détails sur l'huile sont contradictoires (l. 12). Ce qui apparaît à première vue / tout d'abord comme une conversation quotidienne

3) (parce qu'il y a deux interlocuteurs), se montre après une analyse approfondie comme exemple de non-communication, car il n'y a aucun échange d'idées entre ce couple. M. Smith est apparemment ennuyé et n'intervient pas du tout dans les dires de son épouse. Au contraire, il se contente de faire claquer sa langue tout en continuant à lire son journal.

   Cette exposition fait penser au comportement stéréotypé (la femme qui raccommode, l'homme qui lit le journal) d'un couple de petits-bourgeois qui n'a plus rien à se dire.

   Traditionnellement le lecteur s'attend dans une conversation au respect des rapports de cause, par exemple: Nous avons bien mangé parce que la viande était excellente. Ici, par contre, le lecteur est frappé parce qu'il s'agit bien de phrases grammaticalement correctes en français, mais qui sont reliées de façon illogique, d'où le contenu absurde des paroles.

Exemple: Nous avons bien mangé ce soir. C'est parce que nous habitons dans les environs de Londres et que notre nom est Smith.

4) En comparaison avec le théâtre classique (v. p. 57) ce début ne donne aucune information ni sur les personnages ni sur le conflit / le nœud de l'action. En outre, des expressions familières «s'en lécher les babines» (l. 25) et le fait que Mme Smith utilise les mots «aller aux cabinets» sont incompatibles avec la bienséance exigée par la doctrine classique.

Im Folgenden werden die Einleitungsszenen von Molière, *Les fourberies de Scapin* und die von Ionesco, *La Cantatrice chauve* verglichen und in tabellarischer Form dargestellt. Daraus können Sie wichtige Unterschiede zwischen dem klassischen / traditionellen und dem absurden Theater entnehmen. Fassen Sie diese stichwortartig zusammen.

MERKE

Comparaison du théâtre classique et absurde

	drame classique	*drame absurde*
les personnages	– appartenance à une certaine couche sociale – traits psychologiques	pas d'individualité des marionnettes
l'action	vraisemblable	pas logique pas de fil conducteur
le comique	– de situation – de langue – de caractère	l'échec de communication fait rire
la fin	– le dénouement – la fin heureuse – la catastrophe	– pas de vraie fin – construction circulaire – pas de développement – des scènes isolées, des sketches
indications scéniques	– traits caractéristiques de l'intérieur d'une maison bourgeoise – manière de parler – les costumes	sorte de parodie → anglais manière de parler

	drame classique	drame absurde

le but de l'acteur	amuser, faire rire
	critique sociale
	– de l'Eglise
	– de la bourgeoise
	– de l'éducation
	– corriger les hommes
	  en les divertissant
	  (Molière)
		– manque de
		  compréhension
		– parodie du théâtre
		– échec de la
		  compréhension
		  humaine
		– pessimisme

Übungstext

EXERCICE

12

Louis Malle, Au revoir les enfants

*La scène, un extrait tiré du scénario «Au revoir les enfants» de Louis Malle,
joue pendant la Deuxième Guerre mondiale dans un restaurant élégant dans
la région parisienne.*
*Madame Quentin rend visite à ses enfants François et Julien qui se trouvent
dans un internat. Elle les a invités à déjeuner avec elle. Julien a amené son
ami Bonnet.*

36.
(...)
*Seul à une table, un vieux monsieur très élégant demande son addition. Le
maître d'hôtel s'adresse à lui comme à un familier.*
Le maître d'hôtel. Tout de suite, monsieur Meyer. Vous avez bien déjeuné?
5 **Meyer** *(Sourire)*. Merci. Le lapin était acceptable.
*Deux miliciens en uniforme sont entrés dans le restaurant et inspectent les
tables. Le plus jeune s'approche de Meyer.*
Le milicien. Vos papiers, monsieur.
M. Meyer écrase sa cigarette, sort son portefeuille, tend sa carte d'identité.
10 *Le milicien y jette un œil.*
Le milicien *(très fort)*. Dis donc toi, tu ne sais pas lire? Ce restaurant est
    interdit aux youtres.
*Un grand silence s'est fait dans le restaurant. Julien regarde Bonnet, qui
regarde Meyer.*
15 **Mme Quentin.** Qu'est qu'ils ont besoin d'embêter les gens? Il a l'air si conven-
    able, ce monsieur.
Le maître d'hôtel s'avance.

Le maître d'hôtel. M. Meyer vient ici depuis vingt ans. Je ne peux pas le mettre à la porte quand même.

20 **Le milicien.** Toi, ferme-là, le louffiat. Je pourrais vous faire révoquer votre licence.

François *(à mi-voix).* Collabos.

L' autre milicien s' avance vers lui. Il est gros et vieux, avec une moustache.

Le milicien. C'est toi qui as dit ça?

25 **Mme Quentin.** Tais-toi, François!

(Au milicien). C'est un enfant. Il ne sait pas ce qu'il dit.

Le milicien. Nous sommes au service de la France, madame. Ce garçon nous a injuriés.

Il y a des remous dans la salle, comme si l' assistance prenait courage.

30 **Une femme.** Laissez ce vieillard tranquille. C'est ignoble ce que vous faites.

D'autres voix s'élèvent. «Allez-vous-en ... Vous n'avez pas le droit ...»

Une voix *(stridente).* Ils ont raison. Les juifs à Moscou!

Une voix allemande couvre le brouhaha: Foutez le camp!

Silence. Derrière les Quentin, un officier s' est levé. Il a un bras en écharpe,
35 *porte monocle et beaucoup de décorations. Il est ivre, il a du mal à se tenir debout. Il s' approche du vieux milicien et le toise. Il a une tête de plus que lui.*

L'officier. Vous m'avez compris? Foutez le camp.

Le milicien le regarde, hésite. Finalement, il salue l' Allemand et se retire,
40 *entraînant son jeune collègue.*

Le jeune milicien *(à Meyer).* On se retrouvera!

L' Allemand s' écroule dans sa chaise. Les conversations reprennent.

Mme Quentin. On peut dire ce qu'on veut. Il y en a qui sont bien.

François. Il a fait ça pour vous épater.

45 *Bonnet regarde Meyer remettre son portefeuille dans son veston.*

Julien *(brusquement).* On est pas juifs, nous?

Mme Quentin. Il ne manquerait que ça!

Julien. Et la tante Reinach? C'est pas un nom juif?

Mme Quentin. Les Reinach sont alsaciens.

50 **François.** Ils peuvent être alsaciens et juifs.

Mme Quentin. Fichez-moi la paix. Les Reinach sont très catholiques. S'ils vous entendaient! Remarquez, je n'ai rien contre les juifs, au contraire. A part Léon Blum, bien entendu. Celui-là, ils peuvent le pendre.

Julien, tiens-toi droit. (...)

Louis Malle: Au revoir les enfants. Scénario. © Editions Gallimard, Paris 1987, p. 90 – 97 (texte abrégé)

Annotations:

un familier: ein guter Bekannter; écraser qc: *ici:* ausdrücken; jeter un œil: ein Auge werfen; un youtre *arg.:* Schimpfwort für einen Juden; embêter qn: jdm Unannehmlichkeiten bereiten; convenable: anständig; le maître d'hôtel: *ici:* Geschäftsführer; un louffiat *arg.:* Schimpfwort; révoquer la licence: die Schanklizenz einziehen lassen; une moustache: Schnurrbart; injurier qn: jdn. beleidigen; le remous: Hin und Her; l'assistance *f:* Anwesender; ignoble: gemein, schändlich; strident,e: schrill, kreischend; un brouhaha: Lärm, Getöse; foutez le camp: haut ab; un bras en écharpe: den Arm in der Binde tragen, une décoration: Orden; ivre: betrunken; toiser qn *fam.:* jdn mit dem Blick messen; entraîner qn: hinter sich herziehen; s'écrouler: *ici:* sich fallen lassen; épater qn *fam.:* bei jdm Eindruck schinden; Léon Blum: homme politique socialiste (1872 – 1950)

Devoirs:

1. Découpez le texte et résumez-le.
2. Décrivez la montée de la tension / du suspense.
3. Analysez les rapports entre M. Meyer et les autres personnages.
4. Caractérisez les comportements de M. Meyer, de l'officier allemand, des miliciens et de Mme Quentin. Référez-vous pour cela
   – aux indications scéniques
   – à la façon de parler des protagonistes
   – au jugement de François

EXERCICE

13

Albert Camus, Le Malentendu

Introduction:
Martha et sa mère ont l' habitude de tuer depuis longtemps les riches clients de leur auberge. Un jour, elles reçoivent la visite d' un jeune homme nommé Jan qui est en fait le frère de Martha, disparu il y a vingt ans et qui ne dévoile pas son identité. Peu de temps avant cette scène, Martha lui a donné un somnifère pour qu' il dorme profondément.

La Mère *(de la même voix, mais qu' elle élève peu à peu):* Non, Martha! Je n'aime pas cette façon de me forcer la main. Tu me traînes à cet acte. Tu commences, pour m'obliger à finir. Je n'aime pas cette façon de passer par-dessus mon hésitation.

5 Martha: C'est une façon de tout simplifier. Dans le trouble où vous étiez, c'était à moi de vous aider en agissant.

La Mère: Je sais bien qu'il fallait que cela finisse. Il n'empêche. Je n'aime pas cela.

Martha: Allons, pensez plutôt à demain et faisons vite. *(Elle fouille le veston*
10 *et tire un portefeuille dont elle compte les billets. Elle vide toutes les*

poches du dormeur. Pendant cette opération, le passeport tombe et glisse derrière le lit. Le vieux domestique va le ramasser sans que les femmes le voient et se retire.)

Martha: Voilà. Tout est prêt. Dans un instant, les eaux de la rivière seront
15 pleines. Descendons. Nous viendrons le chercher quand nous entendrons l'eau couler par-dessus le barrage. Venez!

La Mère *(avec calme)*: Non, nous sommes bien ici! *(Elle s'assied.)*

Martha: Mais ... *(Elle regarde sa mère puis, avec défi.)* Ne croyez pas que cela m'effraie. Attendons ici.

20 La Mère: Mais oui, attendons. Attendre est bon, attendre est reposant. Tout à l'heure, il faudra le porter le long du chemin, jusqu'à la rivière. Et d'avance j'en suis fatiguée, d'une fatigue tellement vieille que mon sang ne peut plus la digérer. *(Elle oscille sur elle-même comme si elle dormait à moitié.)* Pendant ce temps, lui ne se doute de rien. Il dort. Il en a terminé
25 avec ce monde. Tout lui sera facile, désormais. Il passera seulement d'un sommeil peuplé d'images à un sommeil sans rêves. Et ce qui, pour tout le monde, est un affreux arrachement ne sera pour lui qu'un long dormir.

Martha *(avec défi)*: Réjouissons-nous donc! Je n'avais pas de raisons de le haïr, et je suis heureuse que la souffrance au moins lui soit épargnée.
30 Mais ... il me semble que les eaux montent. *(Elle écoute, puis sourit.)* Mère, mère, tout sera fini, bientôt.

La Mère *(même jeu)*: Oui, tout sera fini. Les eaux montent. Pendant ce temps, lui ne se doute de rien. Il dort. Il ne connaît plus la fatigue du travail à décider, du travail à terminer. Il dort, il n'a plus à se raidir, à se forcer, à
35 exiger de lui-même ce qu'il ne peut pas faire. Il ne porte plus la croix de cette vie intérieure qui proscrit le repos, la distraction, la faiblesse ... Il dort et ne pense plus, il n'a plus de devoirs, ni de tâches, non, non, et moi, vieille et fatiguée, oh, je l'envie de dormir maintenant et de devoir mourir bientôt.
40 *(Silence)* Tu ne dis rien, Martha?

Martha: Non. J'écoute. J'attends le bruit des eaux.

La Mère: Dans un moment. Dans un moment seulement. Oui, encore un moment. Pendant ce temps, au moins, le bonheur est encore possible.

Martha: Le bonheur sera possible ensuite. Pas avant.

45 La Mère: Savais-tu, Martha, qu'il voulait partir ce soir?

Martha: Non, je ne le savais pas. Mais, le sachant, j'aurais agi de même. Je l'avais décidé.

La Mère: Il me l'a dit tout à l'heure, et je ne savais que lui répondre.

Martha: Vous l'avez donc vu?

50 La Mère: Je suis montée ici, pour l'empêcher de boire. Mais il était trop tard.

Martha: Oui, il était trop tard! Et puisqu'il faut vous le dire, c'est lui qui m'y a décidée. J'hésitais. Mais il m'a parlé des pays que j'attends et, pour avoir

su me toucher, il m'a donné des armes contre lui. C'est ainsi que l'innocence est récompensée.

55 La Mère: Pourtant. Martha, il avait fini par comprendre. Il m'a dit qu'il sentait
que cette maison n'était pas la sienne.

Martha *(avec force et impatience)*: Et cette maison, en effet, n'est pas la
sienne, mais qu'elle n'est celle de personne. Et personne n'y trouvera
jamais l'abandon ni la chaleur. S'il avait compris cela plus vite, il se serait

60 épargné et nous aurait évité d'avoir à lui apprendre que cette chambre
est faite pour qu'on y dorme et ce monde pour qu'on y meure. Assez
maintenant, nous ... *(On entend au loin le bruit des eaux.)*

Dans: Albert Camus, Théâtre, récits, nouvelles. © Editions Gallimard, Bibl. de la
Pléiade, Paris 1962, p. 159 – 162

Annotations:

forcer la main à qn: obliger qn à faire qc; elle fouille le veston: elle regarde dans toutes
les poches du veston; le barrage: Staudamm; avec défi: d'un ton provocant; effrayer:
faire peur à qn; digérer: *ici:* supporter, être à bout de forces; osciller: schwanken; un arrachement: Herausgerissenwerden (→ arracher); se raidir: steif werden; proscrire qc:
interdire qc; un abandon *m:* Ungezwungenheit; s'épargner: *ici:* se sauver

Devoirs:

1. Résumez le texte.
2. Analysez la position de la mère et celle de Martha.
3. Etablissez des rapports entre la philosophie existentialiste de Camus et les
   idées exprimées dans cet extrait.

Textes poétiques (poèmes, chansons)

Allgemeines

Neben den bisher vorgestellten Textsorten (Sachtexten und literarischen
Texten) werden in der Oberstufe natürlich auch lyrische Texte (Gedichte und
Chansons) behandelt. Sie zeichnen sich durch ihre ganz eigene äußere wie
auch inhaltliche Form aus. Häufig sind sie in gebundener (metrischer)
Sprache verfaßt, wozu auch ein bestimmtes graphisches Aussehen gehört
(Unterteilung in Verse, Strophen). Bei den Chansons kommt noch die musika-
lische Begleitung als integraler Bestandteil der Textsorte hinzu. Darauf gehen

wir hier allerdings nicht weiter ein. Im Folgenden machen wir auch keinen grundsätzlichen Unterschied zwischen Chanson und Gedicht und bezeichnen beide als lyrische Texte.

Zwischen der Interpretation eines Gedichts im Deutsch– oder Französischunterricht besteht kein Unterschied. Dennoch bieten wir einige Leitlinien an, die die schriftliche Abfassung der Interpretation erleichtern sollen. Wir schlagen Ihnen vor, das unter "methodischem Vorgehen" aufgelistete Raster bei Ihrer Interpretation systematisch anzuwenden. Dieses wird zunächst auf Deutsch und dann auf Französisch präsentiert:

Methodisches Vorgehen

I. Lektüre
1. Intensive Textlektüre
2. Klärung aller sprachlichen Schwierigkeiten (evtl. Rohübersetzung)

II. Inhalt
1. Inhaltliche Klärung: Worum handelt es sich? (Thema)
   Unterstreichen Sie die Schlüsselwörter in jeder Strophe und suchen Sie eine jeweils dazu passende Überschrift aus.
2. Welche Intention hat der Dichter?
3. Notieren Sie, was Ihnen ganz besonders auffällt: Das können beispielsweise Besonderheiten im Bereich der Wortwahl oder/und des Satzbaus sein, um nur zwei zu nennen. Näheres vgl. Stil (s. u.).
4. Besteht zwischen Überschrift und Text ein Zusammenhang?

III. Stil
Achten Sie in diesem Zusammenhang darauf, inwieweit die syntaktisch-lexikalischen Strukturen von der allgemein üblichen Verwendung abweichen (z. B. SPO-Regel).
1. Satzbau (z. B.: Frage, Verneinung, Aussagesätze, Ausrufe, Zeilensprung, *enjambement*)
2. Wortwahl:
   – Aus welchem Bereich stammen die Wörter?
   – Kommen bestimmte Wortarten gehäuft vor oder wird bewusst auf sie verzichtet? (z. B. Wahl der Adjektive)
   – Wortwiederholungen
3. Sprachbilder
   Welche Bilder, Metaphern, Symbole, Vergleiche werden gewählt?

IV. Vers- und Strophenformen

1. Liegt eine bestimmte Strophenform vor? (z.B. Sonett)
2. Welche Versformen werden verwendet?

V. Übereinstimmung von Inhalt und Form

Setzen Sie die Form des Gedichts in Beziehung zur inhaltlichen Aussage. Besteht Übereinstimmung? Begründen Sie warum / warum nicht?

Exkurs: Die Silbenzählung im Französischen

Im Französischen werden Silben anders gezählt als im Deutschen.

a) Wortauslautendes *e* im Versinnern <u>vor Konsonant</u> zählt.
   Ex.: Sui – <u>vre</u> le tris – <u>te</u> cours ...
b) Wortauslautendes *e* im Versinnern <u>vor Vokal</u> zählt nicht.
   Ex.: Rom<u>e</u> entière noyée au sang des ses enfants (Corneille)
c) Unbetontes *e* im Wortinnern <u>zwischen Konsonanten</u> zählt.
   Ex.: seu – <u>le</u> – ment
d) *e* am Versende wird nicht gesprochen.
   Hierbei muss zwischen *rime féminine et masculine* unterschieden werden:
   Une rime féminine se termine par un <u>e</u> muet: mélancol<u>ie</u>, nostalg<u>ie</u>.
   Une rime masculine ne se termine pas par un <u>e</u> muet: le bonheur, la grandeur. La versification classique demandait de faire alterner rimes féminines et masculines.
e) Silbenzählung bei bestimmten Vokalverbindungen:
   mehrsilbig: Ex.: pa – ys, na– ti – on, jou – er
   einsilbig: Dieu – lui

Zur Analyse von poetischen Texten wird auch ein bestimmtes Fachvokabular benötigt. Dazu stellen wir im Folgenden einige ausgewählte Begriffe zur Verfügung. Diese sollten Sie in ein Vokabelheft übertragen und lernen. Das bereits bekannte Fachvokabular aus den Bereichen Résumé und Analyse muss auch hier eingesetzt werden.

MERKE

Allgemeine Begriffe

un texte poétique	poetischer Text
une poésie un poème }	Gedicht
un poème en prose	Prosagedicht
une chanson	Chanson, Lied
un vers	Vers
une strophe	Strophe
un couplet	Strophe in einem Chanson
un poète	Dichter, Lyriker
un compositeur	Komponist
le moi-lyrique	lyrisches Ich
une syllabe	Silbe
une voyelle	Vokal
une consonne	Konsonant

Die oben auf Deutsch vorgestellten Überlegungen zum methodischen Vorgehen finden Sie hier nun in der Übersetzung.

Le contenu

1. De quoi s'agit-il? Quel est le sujet?
   Soulignez les mots-clés de chaque strophe et trouvez un titre pour chaque strophe.
   Les mots-clés sont: … / Comme titre je pourrais mettre …
2. Quelle est l'intention du poète?
3. Qu'est-ce qui vous frappe particulièrement concernant le choix des mots et la syntaxe? (voir *style* ci-dessous)
4. Est-ce qu'il y a un rapport entre le titre et le contenu?

Le style

Faites attention dans quelle mesure il y a écart des structures lexico-syntaxiques dans un texte lyrique de l'emploi normatif (p. ex.: la règle sujet-verbe-objet).

La syntaxe

On y trouve par exemple: des propositions interrogatives, négatives, affirmatives, exclamatives, l'enjambement *m*.

Le choix des mots

De quel domaine les mots sont-ils tirés?

Quelle sorte/ espèce de mots le poète utilise-t-il particulièrement ou n'utilise-t-il pas? (par ex. choix des adjectifs)

Répétition de(s) mots

Les images

Quelles images, métaphores *f*, comparaisons *f* et quels symboles sont employés?

Les moyens stylistiques (figures de style voir p. 32 – 33)

Les vers et les strophes

Le poète préfère-t-il une certaine forme de strophe (p. ex. le sonnet)?

Quelles sortes de vers emploie-t-il?

Im Folgenden finden Sie noch weitere wichtige Angaben, ohne auch hier zu beabsichtigen, eine vollständige Auflistung zu präsentieren.

Un poème se compose de … strophes.

Un poème très connu composé de quatre strophes est un sonnet. Il est formé de deux strophes de quatre vers (= deux quatrains) et de deux strophes de trois vers (= deux tercets).

La métrique du vers

En français on compte les syllabes d'un vers.

Il y a des vers de quatre, de six, de huit (octosyllabes), de dix (décasyllabes) et de douze (alexandrin) syllabes appelés des vers pairs et des vers de cinq, de sept, de neuf … syllabes, appelés des vers impairs.

La rime

Le schéma des rimes les plus connues:

a a b b	la rime suivie / plate	Paarreim
a b a b	la rime croisée	Kreuzreim
a b b a	la rime embrassée	umarmender Reim

L'enjambement

Normalement, une phrase se termine à la fin d'un vers. Si le poète la reprend au début du vers suivant, on parle d'un enjambement. L'effet: le poète souligne la partie de la phrase rejetée au vers suivant.

Exemple: Il partit comme un trait; mais les élans qu'il fit
Furent vains; la tortue arriva la première. (La Fontaine)

Les sonorités

a) une allitération: répétition de consonnes, p. ex.: une allitération en «s» «ces serpents qui sifflent sur vos têtes»(Racine) → effet: mise en relief de «serpents» ce qui montre le danger

b) une assonance: répétition de voyelles, p. ex. l'arbre toujours touffu de toutes les prières (Apollinaire) → effet: création d'une atmosphère sombre par l'emploi fréquent du son «u»

Beispieltext

Boris Vian, Le Déserteur

Monsieur le Président
Je vous fais une lettre
Que vous lirez peut-être
Si vous avez le temps

5 Je viens de recevoir
Mes papiers militaires
Pour aller à la guerre
Avant mercredi soir

Monsieur le Président
10 Je ne veux pas la faire
Je ne suis pas sur terre
Pour tuer des pauvres gens

C'est pas pour vous fâcher
Il faut que je vous dise
15 Ma décision est prise
Je m'en vais déserter

Depuis que je suis né
J'ai vu mourir mon père
J'ai vu partir mes frères
20 Et pleurer mes enfants

Ma mère a tant souffert
Qu'elle est dedans la tombe
Et se moque des bombes
Et se moque des vers

25 Quand j'étais prisonnier
On m'a volé ma femme
On m'a volé mon âme
Et tout mon cher passé

Demain de bon matin
30 Je fermerai ma porte
Au nez des années mortes
J'irai sur les chemins

Je mendierai ma vie
Sur les routes de France
35 De Bretagne en Provence
Et je dirai aux gens

Refusez d'obéir
Refusez de la faire
N'allez pas à la guerre
40 Refusez de partir

S'il faut donner son sang
Allez donner le vôtre
Vous êtes bon apôtre
Monsieur le Président

45 Si vous me poursuivez
Prévenez vos gendarmes
Que je n'aurai pas d'armes
Et qu'ils pourront tirer

Dans: Boris Vian. Textes et chansons. Ed. René Juillard, Paris 1966, S. 171–72

Annotations:

une tombe: lieu où on enterre un mort; fermer la porte au nez de qn: jdm. die Tür vor der Nase zuschlagen; mendier: demander de l'argent aux passants de la rue; un apôtre: Apostel; prévenir qn: mettre qn au courant

Devoirs:

1. Ecrivez en une phrase le sujet de cette chanson / ce poème.
2. Divisez-la et résumez ensuite son contenu.
3. a) Décrivez d'abord la syntaxe, le registre, la métrique et les figures de style.
   b) Analysez la chanson en vous référant aux résultats trouvés ci-dessus.

Zum Verfahren

In dem Beispieltext «Le Déserteur» werden die einzelnen Arbeitsschritte der Analyse zunächst in Listenform dargestellt. Die eigentliche Interpretation des Chansons erfolgt unter Punkt 3 b). Hier fließen die Teilergebnisse ein und werden zu einer in sich schlüssigen Deutung zusammengefasst. Damit wird zum Ausdruck gebracht, dass die inhaltliche und die formale Ebene ein Beziehungsgeflecht darstellen, das den Gehalt des Gedichtes widerspiegelt.

Im Übungstext II (*Le dormeur du val,* S. 77), dessen Lösungsvorschlag Sie im Lösungsheft finden, wird das im Mustertext demonstrierte kleinschrittige Verfahren nicht angewandt, sondern das Ergebnis wie unter Punkt 3 b) dargelegt, präsentiert. Wir empfehlen Ihnen jedoch, das kleinschrittige Verfahren auch hier schriftlich anzuwenden und dann auf der Grundlage der gewonnenen Teilergebnisse eine zusammenhängende Interpretation anzufertigen.

Ausführung:

1. Le sujet de la chanson

Dans cette chanson, le poète s'adresse à un président pour l'informer de sa décision de déserter et demande aux autres de suivre son exemple.

2. Division et résumé du texte

La chanson se divise en trois parties:

a) Les vers un à 16 expriment la situation actuelle du moi-lyrique (présent – actualité).

b) Aux vers 17 à 28 il évoque le souvenir du passé douloureux (le passé).

c) Les vers 29 à 48 sont consacrés à ses projets dans l'avenir (l'avenir).

Dans la première partie (l. 1 – 16) le poète, après avoir reçu sa convocation, s'adresse au président pour le prévenir de son refus de partir à la guerre.

Dans la deuxième (l. 17 – 28), il donne des raisons pour cette décision en évoquant la souffrance familiale et personnelle au cours d'une guerre passée qui a totalement détruit sa vie et son bonheur.

Dans la dernière (l. 29 – 48), il reprend l'idée de la désertion, déjà exprimée dans la première, en ajoutant des détails précis sur la vie qu'il mènera dans le futur. Il ne se contente pas d'un refus personnel, pour lequel il est prêt de donner sa vie, mais s'adresse également à ses compatriotes en leur demandant de suivre son exemple.

3. Analyse
a) Analyse de la structure
La tripartition (subdivision du texte en trois parties) se reflète dans les différents temps des verbes utilisés dans chaque partie: présent – passé composé et imparfait – futur, présent. En outre, cette subdivision est renforcée par l'emploi de syntagmes temporels: *je viens de recevoir* (5) pour le présent, la conjonction *depuis que* pour introduire le passé (17) et l'adverbe de temps *demain* (29) pour ce qui se passera à l'avenir.

La syntaxe
Il s'agit de phrases simples, dans la plupart des cas de propositions principales. On constate, par contre, un manque de conjonctions subordonnées.

Le registre
On y remarque aussi une grande simplicité sur le plan lexical (dominance de verbes) et sur le plan grammatical: emploi du passé composé au lieu du passé simple pour exprimer une action au passé et l'omission du ne dans la négation (13). Les deux derniers phénomènes sont typiques de la langue parlée (familière).

Les vers et les rimes
La chanson se compose de 12 strophes (couplets) de quatre vers appelés des quatrains, formant des rimes embrassées (abba). On constate une alternance régulière de rimes masculines de 6 syllabes (les rimes a) avec des rimes féminines (les rimes b) de 7 syllabes.

Les figures de style
- On constate des apostrophes et l'emploi fréquent du pronom personnel vous.
- Le poète utilise surtout des parallélismes et des anaphores (10/11, 18/19, 23/24, 26/27, 30/32).
- Le poète emploie souvent des allitérations (18, 41) et des assonances (42, 43).

b) Analyse de la chanson

Cette chanson est une lettre comme le montrent les apostrophes au président et l'emploi du pronom personnel «vous». Le moi-lyrique appartient à un milieu socioculturel plutôt modeste, c'est un homme du peuple qui utilise des phrases simples (voir p. 68, III.) et une langue familière (III. 2) pour informer ce président de sa décision de ne pas partir à la guerre. La fermeté de sa décision, soulignée par des parallélismes, (v. 10/11) (voir V.) se base sur une expérience personnelle: la mort de son père et de ses frères (voir 5ème couplet), la souffrance et la mort de sa mère (6ème couplet) et la disparition de sa femme (7ème couplet). Le deuil, ressenti à la mort de son père, est mis en relief par des allitérations (v. 18) (voir p. 69, V). Il se sert du même moyen stylistique pour souligner la cruauté de la guerre et le danger de celle-ci (allitération en «s» au vers 41 (v. en h.)

L'importance de ce destin familial, personnel pour justifier / expliquer son refus, se montre à la sixième strophe, dans laquelle il relate la souffrance et la mort de sa mère. Le dernier vers prépare au point culminant qui se trouve à la septième strophe. Dans celle-ci, il se souvient de la disparition de sa femme, par laquelle il a perdu son bonheur, sa raison d'être, son identité .

Il décide donc au début de la huitième strophe, de passer à l'action par un acte de révolte pacifiste,correspondant à son profond antimilitarisme.

Ce comportement contestataire, cependant, forme un contraste, une opposition avec les rimes et le mètre traditionnels dont la régularité formelle paraît incompatible avec le contenu révoltant (v. p. 69, V).

Übungstexte

Bearbeiten Sie nun unter derselben Aufgabenstellung (s. S. 73 ff.) die beiden folgenden Gedichte von Paul Verlaine, Le ciel est par-dessus le toit (S. 76) und Arthur Rimbaud, Le dormeur du val (S. 77).

Paul Verlaine, Le ciel est par-dessus le toit

Le ciel est par-dessus le toit
    Si bleu, si calme
Un arbre par-dessus le toit
    Berce sa palme.

5 La cloche, dans le ciel qu'on voit,
    Doucement tinte.
Un oiseau sur l'arbre qu'on voit
    Chante sa plainte.

Mon Dieu, mon Dieu, la vie est là,
10   Simple et tranquille.
Cette paisible rumeur-là
    Vient de la ville.

Qu'as-tu fait, ô toi que voilà
    Pleurant sans cesse,
15 Dis, qu'as-tu fait, toi que voilà
    De ta jeunesse?

Dans: P. Verlaine, Œuvres poétiques.
Bordas, Univers des lettres, Paris 1967, p. 90

Annotations:

une palme: *ici:* Wipfel; tinter: sonner; une plainte: (→ se plaindre) la douleur; la rumeur:
bruit de voix

Arthur Rimbaud, Le Dormeur du Val

C'est un trou de verdure où chante une rivière
Accrochant follement aux herbes des haillons
D'argent; où le soleil, de la montagne fière,
Luit; c'est un petit val qui mousse de rayons.

5   Un soldat jeune, bouche ouverte, tête nue,
Et la nuque baignant dans le frais cresson bleu,
Dort; il est étendu dans l'herbe, sous la nue,
Pâle dans son lit vert où la lumière pleut.

Les pieds dans les glaïeuls, il dort. Souriant comme
10 Sourirait un enfant malade, il fait un somme.
Nature, berce-le chaudement: il a froid!

Les parfums ne font pas frissonner sa narine;
Il dort dans le soleil, la main sur la poitrine,
Tranquille: Il a deux trous rouges au côté droit.

Dans: A. Rimbaud, Œuvres poétiques. Garnier-Flammarion
20, Paris 1964, p. 53

Annotations:

une verdure: tout ce qui est vert; accrocher: hängen; un haillon: Fetzen; luire: briller;
mousser: schäumen; le rayon: *ici:* la lumière; le cresson: Kresse; le glaïeul: Gladiole;
faire un somme: dormir; bercer: wiegen; la narine: partie du nez (Nasenflügel); frissonner: trembler

Exercices lexico-grammaticaux

Die Lösungen zu den folgenden Aufgaben finden Sie – den jeweiligen Texten zugeordnet – im Lösungsheft.

Les abcès de la violence (p. 13)

1. Cherchez un synonyme:

   a) soudain _____

   b) un immeuble _____

   c) immédiatement _____

   d) en raison de _____

2. Mettez les phrases suivantes au passé composé:

   a) Les enfants s'amusent. _____

   b) Une bouteille tombe sur eux. _____

   c) Un coup de feu éclate. _____

   d) Le jeune Toufik part. _____

   e) Deux camarades le soutiennent. _____

3. Traduisez le texte du début jusqu'au «dernier jour du ramadan» (l. 6).

Fusil à pompe au lycée (p. 16)

1. Cherchez les verbes des mots suivants:

   a) un surveillant _____

   b) un établissement _____

   c) un enquêteur _____

   d) un vengeur _____

2. Cherchez le substantif de la même famille de mot:

   a) masquer _____

   b) transporter _____

   c) interroger _____

   d) occuper _____

3. Remplacez les mots soulignés par un pronom:

   a) Lambert surveille les jeunes dans la cour. _____

   b) Les jeunes hommes n'ont pas pris la précaution... _____

   c) La sœur décrit le jeune homme aux enquêteurs. _____

Sartrouville: drame à la cité des Indes (p. 17)

1. Formez l'adverbe des adjectifs suivants:

   a) immédiat _____

   b) différent _____

   c) profond _____

   d) heureux _____

2. Mettez les verbes au futur:

   a) Il se promène avec quelques amis. _____

   b) Les vigiles sont là aussi. _____

   c) Le groupe s'installe à l'intérieur. _____

   d) Un vigile va chercher un fusil. _____

3. Cherchez le synonyme. Respectez le contexte:

   a) tout proche de la cité _____

   b) c'est le rendez-vous quotidien _____

   c) il est embarqué _____

   d) la maison de santé _____

4. Cherchez l'antonyme. Respectez le contexte:

    a) attentif _____

    b) à l'intérieur _____

    c) vivant _____

    d) arrêter qn _____

5. Traduisez: «Le groupe de …» jusqu'à «posséder» (l. 11 – 18).

Charef: Se faire le métro (p. 48 – 49)

1. Remplacez les participes présents par une proposition subordonnée:

    a) Il sort d'une voiture stoppant à quai _____

    b) On voit son portefeuille dépassant de la poche _____

    c) Ils les suivent … marquant le pas _____

2. Mettez les phrases à la forme négative:

    a) Quelque chose dépasse de sa poche. _____

    b) Elle a de la peine pour lui. _____

    c) Il est déjà 14 heures. _____

    d) Majid et Pat aussi _____

3. Cherchez le substantif de la même famille de mot:

    a) publicitaire _____

    b) il descend _____

    c) il en profite _____

    d) elle s'admire _____

Molière: Les fourberies de Scapin (p. 57)

1. Cherchez l'antonyme:

   a) une fâcheuse nouvelle _____

   b) se marier avec qn _____

   c) le retour _____

2. Formez des question sans «est-ce que». Les mots soulignés sont la réponse.

   a) Il apprend <u>au port</u> que son père revient. _____

   b) Il revient dans la résolution de <u>me marier</u>. _____

   c) Sylvestre tient ces nouvelle <u>de son oncle</u>. _____

   d) Il aurait besoin <u>que l'on le conseillât</u>. _____

3. Mettez les phrases suivantes au discours indirect. Commencez chaque fois par un verbe différent.

   a) Octave: Tu viens, Sylvestre, d'apprendre ... que mon père revient?
   (l. 2 – 3)

   _____

   b) Octave: Ne te fais point de la sorte arracher les mots de la bouche.
   (l. 19 – 20)

   _____

   c) Sylvestre: J'aurais besoin que l'on me conseillât moi-même. (l. 25 – 26)

   _____

Ionesco: La Cantatrice chauve (p. 59 – 60)

1. Dites d'une autre façon, respectez le contexte:

   a) M. Smith, <u>continuant sa lecture</u>, ... _____

   b) Nous habitons <u>dans les environs de Londres</u>. _____

   c) <u>Notre nom est</u> Smith. _____

   d) <u>D'habitude</u>, c'est toi qui manges le plus. _____

2. Cherchez le terme général *(Oberbegriff)*:

   a) les fauteuils _____

   b) les chaussettes _____

   c) la soupe, le poisson _____

   d) les pommes de terre, la salade _____

3. Mettez les phrases négatives à la forme positive:

   a) Mais je ne veux pas dire que leur huile soit mauvaise. _____

   b) Je ne les aime que lorsqu'elles sont bien cuites. _____

4. Mettez l'article:

   a) Martin prend… viande. _____

   b) … haricots et boit … alcool. _____ _____

   c) Philippe, par contre, ne prend pas … alcool, il n'aime pas … bière. _____

   d) Alors, il boit beaucoup … eau minérale. _____

5. Traduisez l'introduction.

Camus: Le Malentendu (p. 65 – 67)

1. Cherchez l'adjectif, puis traduisez le mot:

   a) simplifier _____   _____

   b) la faiblesse _____   _____

   c) l'innocence _____   _____

   d) l'impatience _____   _____

2. Cherchez le substantif:

   a) commencer _____

   b) aider _____

   c) attendre _____

   d) se douter de _____

   e) haïr _____

3. Mettez les phrases à la voix passive:

   a) Elle vide les poches. _____

   _____

   b) Il ne porte plus la croix. _____

   _____

   c) Personne ne trouvera plus jamais la chaleur. _____

   _____

4. Mettez les phrases au futur:

   a) Les eaux montent. _____

   _____

   b) Lui, ne se doute de rien. _____

   _____

   c) Il dort. _____

   _____

   d) Il ne connaît plus la fatigue du travail. _____

   _____

   e) Il n'a plus de devoirs. _____

   _____

5. Traduisez le monologue de la mère: «Mais oui … un long dormir." (l. 20 – 27)

Vian: Le Déserteur (p. 72 – 73)

1. Cherchez les substantifs:

   a) souffert   _____

   b) obéir   _____

   c) refuser   _____

   d) partir   _____

   e) voler   _____

   f) mourir   _____

2. Cherchez l'antonyme:

   a) le passé   _____

   b) la guerre   _____

   c) elle est née   _____

   d) il donne   _____

3. Cherchez un synonyme, respectez le contexte:

   a) Je vous <u>fais</u> une lettre.   _____

   b) des pauvres gens   _____

   c) un gendarme   _____

   d) une arme   _____

4. Commencez les phrases suivantes avec «Il faut que ...»:

   a) Je vous fais une lettre.   _____

   b) Je pars.   _____

   c) J'irai sur les chemins.   _____

   d) Vous prévenez vos gendarmes.   _____

5. Mettez l'impératif:
Exemple: Il ne faut pas mendier. → Ne mendiez pas.

   a) Il faut l'écrire (la lettre). _____

   b) Il ne faut pas obéir. _____

   c) Il ne faut pas la faire. _____

Verlaine: Le ciel est … (p. 76 – 77)

1. Cherchez l'antonyme, respectez le contexte:

   a) la plainte _____

   b) la jeunesse _____

   c) pleurer _____

   d) simple _____

2. Cherchez le substantif:

   a) chanter _____

   b) simple _____

   c) tranquille _____

   d) paisible _____

3. Traduisez la troisième et la quatrième strophe (v. 9 – 16).

Rimbaud, Le dormeur du val (p. 77)

1. Cherchez le substantif:

   a) il luit _____

   b) ouvert _____

   c) il pleut _____

   d) souriant _____

   e) malade _____

   f) frais _____

2. Cherchez un synonyme, respectez le contexte:

   a) un trou _____

   b) pâle _____

   c) le parfum _____

   d) tranquille _____

3. Traduisez la troisième strophe (v. 9 – 11).

Platz für Notizen

Platz für Notizen